공습국어 초등
국어

많은 학부모들이 선택한
독해력 향상의
길잡이

공습국어 초등독해는 ～～～～～～～～～～～ 부모와 학생들로부터 남다른 관심과 사랑을 받고 있습니다. 공습국어 ～～～～～～～～～～ 독해력 학습을 대표하는 교재로서 자리를 잡을 수 있었던 것은 아이들 ～～～～～～～ 할 수 있도록 놀이와 학습 요소를 적절히 배치하여 독해력 향상을 위해 꼭 알아야 ～～～～ 습 내용을 쉽게 익힐 수 있도록 구성했기 때문입니다.

그런데 단계별로 교재의 수가 적어 서너 달이 지나면 더 이상 단계에 맞는 독해력 학습을 지속할 수 없는 문제가 있었습니다. 그렇다고 다음 단계로 넘어가는 것도 학년 수준에 맞지 않아 몇 달 동안 이어온 학습 흐름이 끊어질 수밖에 없었습니다.

이번에 추가로 독해력 교재를 출간하게 된 것은 각 단계에 맞는 독해력 학습을 적어도 1년 정도는 꾸준히 진행할 수 있게 하기 위해서입니다. 이렇게 함으로써 다음 단계를 학습할 때까지의 기간을 최소화하거나 바로 다음 단계로 넘어가더라도 큰 어려움 없이 적응할 수 있을 것입니다.

심화 교재는 기본 교재와는 다른 문제 유형으로 코너를 구성하였습니다. 이는 같은 유형을 반복함으로써 오는 지루함을 없애고 문제 풀이 방법이 관성화되는 것을 막기 위해서입니다. 또한 기존 독해력 교재에서 다루지 않았던 유형을 다룸으로써 글을 읽고 분석하는 능력을 좀 더 심화시키기 위해서입니다.

공습국어 초등독해는 그간 독해력 교재를 이용해 온 학부모와 학생들의 의견을 반영한 산물입니다. 물론 새로운 교재 구성이나 내용을 모든 학부모와 학생이 만족스러워 할 것이라고 생각하지는 않습니다.
주니어김영사는 교재에 대한 질책과 격려 모두를 소중히 받아 안을 것입니다. 항상 열린 자세로 최대한 교재를 효과적으로 이용할 수 있도록 도와드릴 것이며 아울러 더 좋은 교재로 다가가기 위해 노력하겠습니다.

감사합니다.

공습국어 초등독해 학습 전략

" 공습국어 초등독해는 다양한 갈래의
글감 읽기를 통해 정독 습관을 길러주는
독해력 훈련 프로그램으로, 글의 구조와 내용을
파악하는 효과적인 절차와 방법을 습득함으로써
잘못된 읽기 습관을 바로 잡고 독해에 대한
자신감을 심어줍니다. "

기본과 심화의 연속된 독해 학습 과정

공습국어 초등독해는 전 과정이 학년에 따라 나누어져 있습니다. 크게 1·2학년, 3·4학년, 5·6학년
3개의 과정으로 이루어져 있습니다. 그리고 각 과정별로 기본 Ⅰ·Ⅱ·Ⅲ, 심화 Ⅰ·Ⅱ·Ⅲ 단계로 구성되어
있습니다.

과정		단계
1 · 2학년	기본	Ⅰ, Ⅱ, Ⅲ 단계
	심화	Ⅰ, Ⅱ, Ⅲ 단계
3 · 4학년	기본	Ⅰ, Ⅱ, Ⅲ 단계
	심화	Ⅰ, Ⅱ, Ⅲ 단계
5 · 6학년	기본	Ⅰ, Ⅱ, Ⅲ 단계
	심화	Ⅰ, Ⅱ, Ⅲ 단계

기본 단계와 심화 단계는 서로 다른 구성과 학습 목표를 가지고 있습니다. 기본 단계는 낱말이 가지고
있는 기본적인 의미와 다른 낱말과 관계를 파악하는 단계입니다. 심화 단계는 유추와 연상 활동을
통해 낱말이 가지는 다양한 의미를 알고 정확하게 낱말을 읽고 쓰는 단계입니다.

기본 단계와 심화 단계는 서로 동떨어져 있는 것이 아니라 연속된 훈련 단계입니다. 따라서 공습국어
초등독해를 처음 시작하는 경우는 기본 단계부터 순서대로 학습하는 것이 학습 효과를 극대화할 수
있습니다.

물론 공습국어 초등독해 기본 단계로 학습한 경험이 있다면 각 과정의 심화 단계를 공부해도
괜찮습니다. 하지만 3·4학년 과정에서 기본 단계를 학습하고 현재 5학년이나 6학년이 되었다면
5·6학년 과정의 심화 단계보다는 5·6학년 과정의 기본 단계부터 시작하거나, 3·4학년 과정의 심화
단계를 한 다음 5·6학년 과정의 기본 단계로 넘어가는 것이 좋습니다.

글밥지도를 통해 글의 짜임과
내용을 한눈에 파악한다!

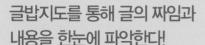

공습국어
초등독해의 특징

 하나 **마인드맵을 이용한 독해력 훈련**

공습국어 초등독해는 효과적인 학습 방법으로 주목을 받고 있는 마인드맵을 이용하여 글감의 짜임과 내용을 분석하고 정리하는 방법을 제시하고 있습니다. 글감의 중심 생각이나 소재를 가운데에 놓고 이로부터 생각의 가지를 뻗어나가면서 세부 주제와 관련된 내용을 정리하다 보면 어느새 글감의 전체 구조와 내용을 한눈에 파악할 수 있을 것입니다.

 둘 **국어 평가 방향에 맞춘 갈래별 문제 구성**

글의 갈래는 크게 정서를 표현하는 글, 설득하는 글, 정보를 전달하는 글로 구분할 수 있습니다. 글은 갈래별로 표현하는 방식이나 목적이 다르기 때문에 글을 읽을 때 갈래별 특성에 맞게 읽어야 합니다. 초등 국어 교육 과정에서도 갈래별 특성에 맞는 글 읽기를 위해 글감의 갈래에 따른 평가 방향을 정하여 놓고 있는데, 공습국어 초등독해는 이러한 평가 방향에 맞추어 갈래별로 문제를 구성하였습니다.

 셋 **사실적 이해와 비판적 이해를 위한 전략 제시**

사실적 이해와 비판적 이해는 글감의 내용을 입체적으로 파악하기 위해 거쳐야 할 필수 과정입니다. 따라서 공습국어 초등독해에서는 '글밥지도 그리기' 꼭지를 통해 글감의 사실적 이해를 다루었으며, '끄덕끄덕 공감하기'와 '요목조목 따져보기'를 통해 비판적, 추론적 이해를 다루었습니다. 사실적 이해 단계는 각 문단별 중심 내용과 글의 짜임, 그리고 글 전체를 간추리며 글의 중심 생각을 파악하는 것이라고 한다면, 비판적 이해 단계는 글쓴이의 의도를 이해하고 내용의 적절성에 대한 주관적, 객관적 판단을 하는 것이라고 볼 수 있습니다.

 넷 **재미있고 다양한 생활 밀착형 글감 구성**

공습국어 초등독해는 설명하는 글이나 설득하는 글과 같이 독해를 위한 기본 글감 이외에도 일상생활에서 자주 보게 되는 광고문이나 기사문, 아이들이 직접 쓰는 일기, 보고문, 기록문, 감상문 등 여러 형식의 글감을 다양하게 싣고 있습니다. 이렇게 친숙한 소재와 형식의 글들은 독해에 대한 부담을 줄이고 재미있게 글을 읽을 수 있도록 도와줍니다.

마인드맵과 독해력

마인드맵은 영국의 언론인이자 교육심리학자인 토니 부잔(Tony Buzan)이라는 사람이 고안해낸 두뇌 계발 및 생각 정리의 기법입니다. 토니 부잔은 대학 시절 자신이 연구해야 할 분량이 점점 많아지자 이를 효과적으로 정리하고 기억할 수 있는 방법이 없는지 고민을 하게 됩니다. 이 당시 그가 방법을 찾기 위해 스스로에게 던진 질문을 보면 마인드맵이 어떤 유용한 역할을 수행할 수 있는지를 엿볼 수 있는데 몇 가지 질문의 예를 들자면 다음과 같은 것이 있었습니다.

- 어떻게 배울 것인가?
- 사고의 본질은 무엇인가?
- 기억에 가장 도움이 되는 학습 기법은 무엇인가?
- 독서에 가장 도움이 되는 방법은 무엇인가?
- 창조적 사고에 가장 효과적인 학습 방법은 무엇인가?

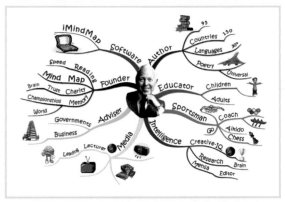

▲ 토니 부잔의 마인드맵 이미지

토니 부잔이 스스로에게 던진 질문 가운데 '독서에 가장 도움이 되는 방법은 무엇인가?'라는 것이 있습니다. 이는 책을 읽고 책의 내용을 정리하는 방법으로서 마인드맵의 역할을 이미 고려하고 있었다는 것을 알 수 있습니다. 실제로 그의 바람대로 마인드맵은 책의 내용을 분석하고 정리하는 데 가장 효과적인 수단이 되고 있습니다.

마인드맵은 학습 방법으로도 그 효과가 매우 뛰어나 실제로 많은 학생들이 공부한 내용을 정리하는데 적극적으로 활용하고 있습니다. 〈공부 9단 오기 10단〉의 저자로 잘 알려진 박원희나 미스코리아 출신으로 하버드에 합격한 금나나 등 공부 잘하는 사람들의 공부 방법을 들여다보면 마인드맵을 비중 있게 활용하고 있음을 쉽게 확인할 수 있습니다.

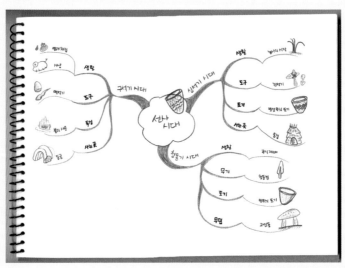

▲ 마인드맵으로 국사를 정리한 노트

마인드맵(Mind map)은 주제와 관련된 세부 내용들을 여러 갈래로 가지를 그려나가며 체계적으로 정리하는 것으로 학습 방법으로도 그 효과가 매우 뛰어나 실제로 많은 학생들이 공부한 내용을 정리하는데 적극적으로 활용하고 있습니다.

마인드맵을 그리는 방법은 토니 부잔의 마인드맵 이미지를 보면 알 수 있듯이 매우 간단합니다. 중심이 되는 주제나 생각을 가운데에 놓고 중심 생각과 관련 있는 주제들을 나뭇가지처럼 배열하면 됩니다. 만약 주제와 연관된 하위 주제나 생각이 있다면 상위 주제에 새로운 가지를 연결하여 내용을 적어주면 되는데 과장해서 표현하자면 생각의 가지는 새로운 주제나 내용이 있는 한 무한대로 연결할 수 있을 것입니다.

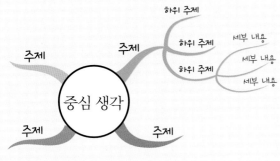

▲ 마인드맵을 그리는 기본적인 방법

그리고 마인드맵을 그릴 때 주제나 세부 내용과 관계된 도식이나 이미지를 첨부한다면 좀 더 풍부하고 재미있게 마인드맵을 꾸밀 수 있고 나중에 내용을 파악하는데도 많은 도움이 됩니다.

마인드맵의 가장 큰 장점은 세부적인 내용을 효과적으로 정리할 수 있는 것도 있지만 무엇보다도 전체적인 줄기를 파악할 수 있다는 것과 많은 내용 중 핵심적인 내용만 축약하여 한눈에 볼 수 있다는 것입니다.

이와 같은 장점은 앞에서도 언급했듯이 책의 내용을 분석하고 정리하는 데 매우 효과적입니다. 책에는 전달하고자 하는 주제가 있고, 이야기나 사건이 있으며, 그런 이야기나 사건을 구성하는 인물이나 배경, 그리고 다양한 정보들이 글의 구조와 인과 관계에 따라 촘촘히 배치되어 있습니다. 이렇게 많은 내용들을 종이 한 장에 정리해야 한다고 할 때 무엇을 어떻게 시작해야 할지 막막할 것입니다. 그러나 마인드맵을 그릴 수 있다면 짧은 시간 안에 핵심적인 내용들을 어렵지 않게 정리할 수 있습니다. 아래의 그림은 흥부와 놀부 이야기를 간단하게 마인드맵으로 정리해 본 것입니다. 글의 갈래마다 글의 내용을 파악하기 위한 기본적인 주제들이 있으므로 어떻게 주제를 잡아야 할지 모르겠다면 기본 주제들을 가지고 가지로 연결하면 누구나 쉽게 마인드맵을 그릴 수 있습니다.

공습국어 초등독해는 마인드맵을 통한 독해 훈련 워크북이라고 불릴 수 있을 만큼 글감의 짜임과 내용을 파악하는 방법으로 마인드맵을 적극적으로 활용하고 있습니다. 이 교재를 마칠 때쯤이면 어떤 책을 보던지 빈 종이에 책의 내용을 마인드맵으로 쉽고 정확하게 정리해 낼 수 있을 것입니다.

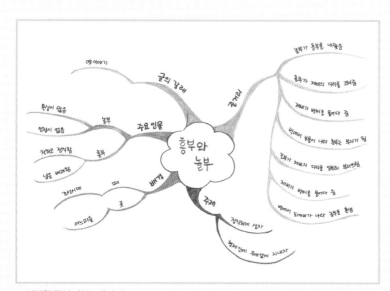

▲ 간단한 독서 마인드맵의 예

교재 구성 한눈에 보기

제시문

'꼼꼼히 집중하여 읽기'의 가장 첫 번째 활동은 바로 오늘 읽어야 할 글을 읽는 것입니다. 제시문은 이야기 글, 전래 동요, 극본 등 정서를 표현하는 글과 설명하는 글, 광고하는 글 등의 정보를 전달하는 글, 주장하는 글, 부탁(제안)하는 글 등의 설득하는 글로 이루어져 있으며 소재 및 주제 또한 다양하게 구성되어 있습니다.

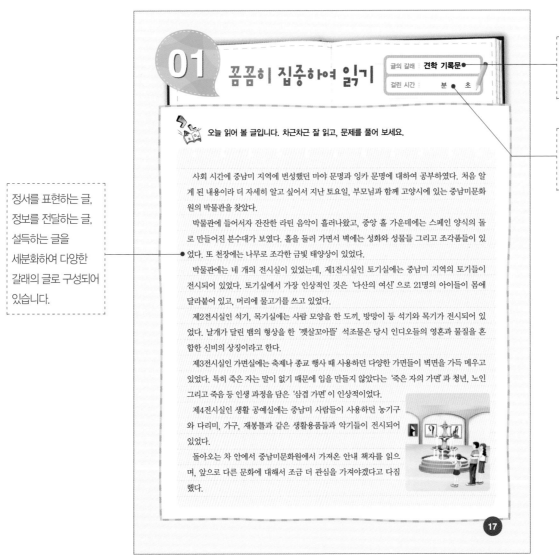

오늘 읽어 볼 제시문의 갈래가 표시되어 있습니다.

해당 단원을 푸는 데 걸린 시간을 적습니다.

정서를 표현하는 글, 정보를 전달하는 글, 설득하는 글을 세분화하여 다양한 갈래의 글로 구성되어 있습니다.

공습국어 초등독해는 모두 30회 과정으로 구성되어 있습니다. 꼼꼼히 집중하여 읽기는 각 회별로 다양한 갈래 폭넓은 주제를 다룬 제시문과 앞에서 읽은 글의 내용을 마인드맵으로 그리며 정리하는 '글밥지도 그리기', 사실적 이해력과 비판적 이해력, 그리고 추론 능력을 향상시킬 수 있는 '끄덕끄덕 공감하기', '요목조목 따져보기'로 구성되어 있습니다.

글밥지도 그리기

앞에서 읽은 글의 내용 및 구조를 마인드맵으로 그려 보는 꼭지입니다. 핵심적인 단어와 문장을 정리해 본 다음, 글의 짜임, 문단, 순서, 구성을 살펴보고 글과 어울리는 제목을 찾아볼 수 있도록 구성되어 있습니다.

주제 찾기
글의 중심 소재나 주제, 인물 등을 보기에서 찾아봅니다. 주제 상자에는 주제를 찾는 데 힌트가 되는 이미지가 삽입되어 있어 보다 쉽게 문제를 해결할 수 있습니다.

글밥지도 채우기
글의 내용 중 핵심적인 단어나 문장을 보기에서 찾아봅니다.

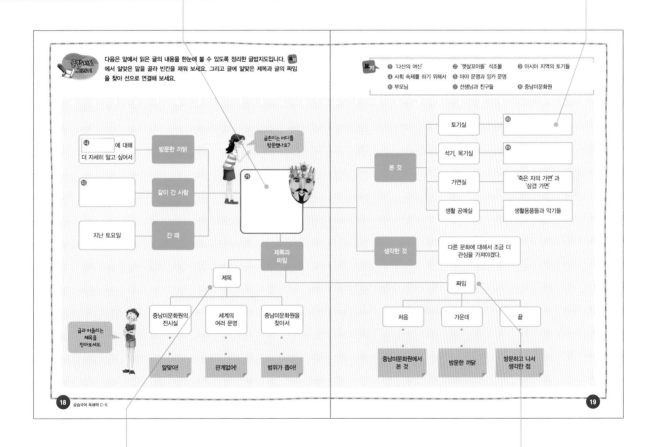

제목 찾기
글에 가장 알맞은 어울리는 제목을 찾아 선으로 연결해 봅니다. 글의 제목은 글쓴이의 중심 생각이 들어 있는 핵심적인 내용이므로 글과 제목 후보와의 관계에 대해 고민하는 사이에 사고력과 글의 핵심을 찾아내는 감각을 동시에 기를 수 있습니다.

구성 파악하기
글의 짜임과 구성, 사건의 순서, 문단과 문단의 관계 및 문단의 내용을 정리해 선으로 연결해 봅니다. 이 과정을 통해 글의 흐름이나 구성을 한눈에 파악할 수 있습니다.

끄덕끄덕 공감하기, 요목조목 따져보기

제시문을 읽고 글밥지도를 그리며 파악한 글의 내용과 주제에 대해 다시 한번 생각하고 정리해 봅니다. 제시문의 갈래가 정서를 표현하는 글일 경우에는 '끄덕끄덕 공감하기', 논리적인 글일 경우에는 '요목조목 따져보기' 꼭지를 활동해 봅니다.

'끄덕끄덕 공감하기' 꼭지의 첫 번째 문항에서는 등장인물의 생각이나 느낌을 정리하거나, 그것에 대한 나의 의견이나 비슷한 경험에 대해 짧게 적습니다. 등장인물에 대해 공감하고, 이해한 다음 이것을 바탕 나의 생각 및 태도와 연결 지어 보며 공감적 이해력 및 창의력을 기를 수 있습니다.

끄덕끄덕 공감하기와 요목조목 따져보기 꼭지의 두 번째 문항은 모두 글을 읽고 바른 의견 또는 바르지 못한 의견을 낸 친구를 찾아내는 사지선다형 활동입니다. 이를 통해 앞서 읽은 글의 내용을 정리하며 비판적 이해력과 추론적 이해력을 향상시킬 수 있습니다.

'요목조목 따져보기' 꼭지의 첫 번째 문항에서는 앞에서 읽은 글의 구조와 내용을 확인하거나, 글쓴이의 주장과 근거를 따져 봅니다. 이를 통해 사실적 이해력을 넘어 비판적 사고력을 기를 수 있습니다.

공습국어 초등독해의 지문 구성 및 읽기 전략

> 공습국어 초등독해의 특징은 갈래별 글읽기입니다.
> 각 회에 수록된 제시문은 크게 정서를 표현하는 글과
> 논리적인 글로 나누어볼 수 있습니다.
> 공습국어 초등독해의 지문 구성과 이에 따른
> 갈래별 읽기 전략은 다음과 같습니다.

하나 │ 공습국어 초등독해 지문 구성

공습국어 초등독해 지문은 크게 정서를 표현하는 글과 논리적인 글로 나뉘어 골고루 수록되어 있습니다. A단계의 경우 두 갈래의 비중이 같고, C단계의 경우 논리적인 글의 수가 더 많습니다.

정서를 표현하는 글

| 이야기 글 | 읽기 · 편지 | 감상문 | 기행문 | 동요 · 동시 · 시조 |

논리적인 글

| 설득하는 글 | | 정보를 전달하는 글 | | |
| 주장(설득)하는 글 | 부탁(제안)하는 글 | 설명하는 글 | 보고하는 글 | 광고하는 글 |

둘 │ 갈래별 읽기 전략

공습국어 초등독해에서는 초등교육과정을 바탕으로 다음과 같이 갈래별 읽기 전략을 제시하고 활동을 구성하였습니다.

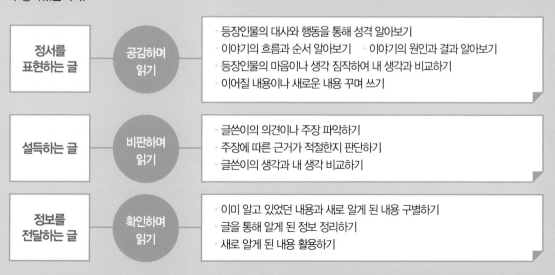

정서를 표현하는 글	공감하며 읽기	· 등장인물의 대사와 행동을 통해 성격 알아보기 · 이야기의 흐름과 순서 알아보기 · 이야기의 원인과 결과 알아보기 · 등장인물의 마음이나 생각 짐작하여 내 생각과 비교하기 · 이어질 내용이나 새로운 내용 꾸며 쓰기
설득하는 글	비판하며 읽기	· 글쓴이의 의견이나 주장 파악하기 · 주장에 따른 근거가 적절한지 판단하기 · 글쓴이의 생각과 내 생각 비교하기
정보를 전달하는 글	확인하며 읽기	· 이미 알고 있었던 내용과 새로 알게 된 내용 구별하기 · 글을 통해 알게 된 정보 정리하기 · 새로 알게 된 내용 활용하기

글밥지도 그리기는 이렇게 풀어요!

① 글밥지도를 그리기 전, 지시문을 꼼꼼하게 살펴보세요. 빈칸을 채워넣는 활동은 매회 반복되지만 제목과 글의 구조, 글의 흐름을 파악하는 활동은 회마다 조금씩 차이가 있기 때문에 지시문을 잘 살펴 보아야 합니다.

② 지시문을 이해한 다음엔 글밥지도의 중심이 될 단어를 찾습니다. 주제 상자 옆이나 위에 놓인 지시문을 잘 읽고 정답을 보기에서 찾아 써 봅니다. 이야기의 등장인물, 글의 중심 소재 및 주제, 시의 화자나 지은이가 주로 글밥지도의 중심에 놓이게 됩니다. 이때 주제 상자에 그려진 이미지가 정답의 힌트가 되니 참고하세요.

④ 글밥지도의 모든 빈칸을 채웠다면, 다음으로 글에 어울리는 제목을 찾아 선으로 연결해 봅니다.

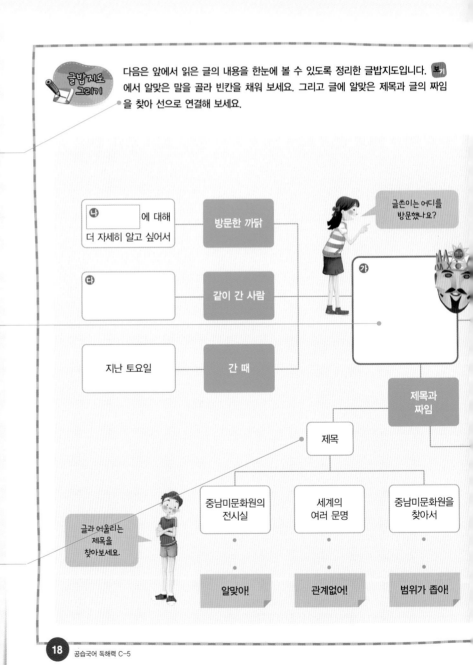

다음은 앞에서 읽은 글의 내용을 한눈에 볼 수 있도록 정리한 글밥지도입니다. 보기 에서 알맞은 말을 골라 빈칸을 채워 보세요. 그리고 글에 알맞은 제목과 글의 짜임을 찾아 선으로 연결해 보세요.

'글밥지도 그리기'는 오늘 읽은 제시문을 마인드맵 형식의 글밥지도로 표현해 보는 활동입니다. 가장 핵심적이었던 단어, 인물을 주제로 삼아 마인드맵의 형식으로 글의 내용을 체계적으로 정리해 본 다음, 글의 제목과 짜임에 대해 생각해 봅니다. 글밥지도에는 제시문에서 다루어진 중요한 내용을 확인하는 4~8개의 빈칸과 제목 찾기, 문단 내용 찾기 등 1~2가지의 선 긋기 활동이 있습니다.

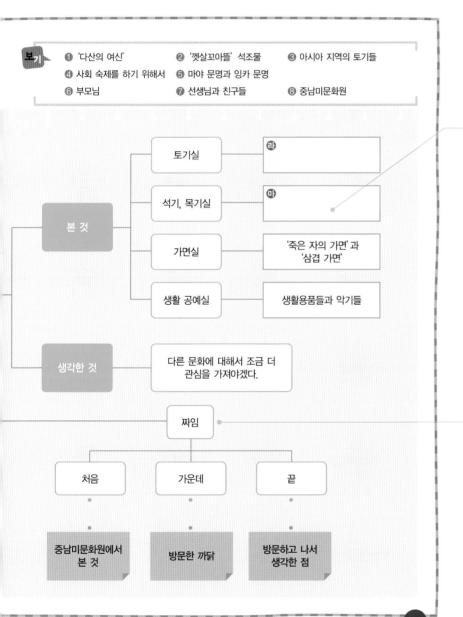

보기

❶ '다산의 여신'
❷ '껫살꼬아뜰' 석조물
❸ 아시아 지역의 토기들
❹ 사회 숙제를 하기 위해서
❺ 마야 문명과 잉카 문명
❻ 부모님
❼ 선생님과 친구들
❽ 중남미문화원

본 것
- 토기실 — ㉺
- 석기, 목기실 — ㉻
- 가면실 — '죽은 자의 가면' 과 '삼겹 가면'
- 생활 공예실 — 생활용품들과 악기들

생각한 것 — 다른 문화에 대해서 조금 더 관심을 가져야겠다.

짜임
- 처음 — 중남미문화원에서 본 것
- 가운데 — 방문한 까닭
- 끝 — 방문하고 나서 생각한 점

❸ 글밥지도의 중심 단어를 찾았다면, 다음으로 글의 주요 내용들을 살펴봅니다. 글의 내용을 정리한 글밥지도의 가지에 놓인 ㉺~㉾의 빈칸을 보기에서 알맞은 단어를 골라 채웁니다. 이때 반드시 ㉺~㉾의 순서대로 빈칸을 채워야 하며, 될 수 있으면 번호와 단어 또는 문장을 모두 적는 것이 좋습니다. 정답 상자의 공간이 부족하다면 번호만 적도록 합니다. 빈칸에 들어갈 말이 헷갈릴 경우에는 같은 가지에 놓인 다른 단어나 문장을 참고하면 보다 쉽게 해결할 수 있습니다.

❺ 글의 흐름이나, 구성, 글의 짜임을 확인하여 선으로 연결해 봅니다.
문학적인 글에서는 사건의 순서와 발단 —전개 – (위기) – 절정 – 결말의 이야기의 구성을 주로 살펴보고, 논리적인 글에서는 처음 – 가운데 – 끝의 글의 구조나 문단의 내용을 주로 따져봅니다. 필요하다면 제시문을 다시 한번 읽어보며 풀이해도 좋습니다.

19

끄덕끄덕 공감하기, 요목조목 따져보기는 이렇게 풀어요!

끄덕끄덕 공감하기 활동 보기

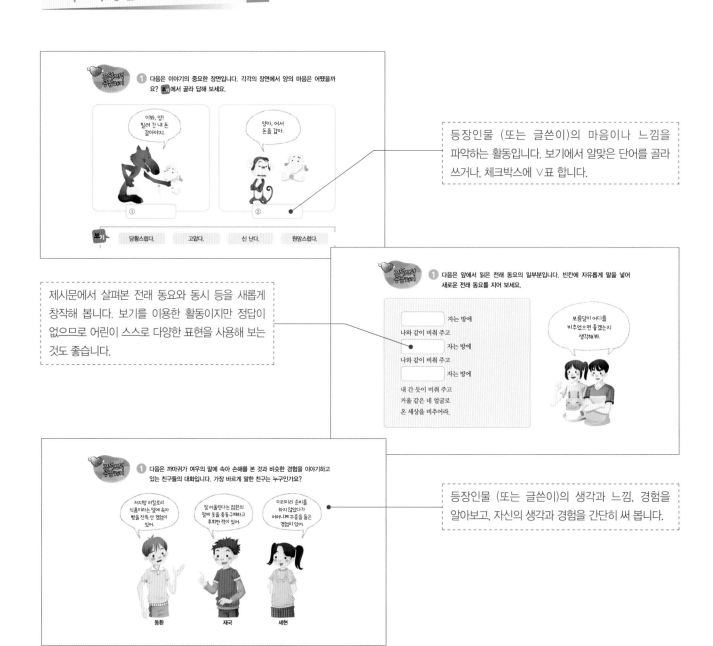

등장인물 (또는 글쓴이)의 마음이나 느낌을 파악하는 활동입니다. 보기에서 알맞은 단어를 골라 쓰거나, 체크박스에 ∨표 합니다.

제시문에서 살펴본 전래 동요와 동시 등을 새롭게 창작해 봅니다. 보기를 이용한 활동이지만 정답이 없으므로 어린이 스스로 다양한 표현을 사용해 보는 것도 좋습니다.

등장인물 (또는 글쓴이)의 생각과 느낌, 경험을 알아보고, 자신의 생각과 경험을 간단히 써 봅니다.

정서를 표현하는 글에 해당하는 제시문을 읽은 다음에는 '끄덕끄덕 공감하기' 꼭지를, 논리적인 글에 해당하는 제시문을 읽은 다음에는 '요목조목 따져보기'꼭지를 공부합니다. 앞의 두 꼭지는 각각 2가지 활동으로 구성되어 있습니다.

'끄덕끄덕 공감하기'의 경우 등장인물들의 성격이나 느낌 파악하기, 등장인물의 입장이 되어 생각해 보기, 새롭게 창작하기 등의 활동이 주를 이루며, '요목조목 따져보기'의 경우 글의 구조 정리하기, 요약하기, 글쓴이의 주장과 근거 따져보기, 글을 통해 알게 된 정보 활용하기 등의 활동으로 구성되어 있습니다.

요목조목 따져보기 활동 보기

주장하는 글을 읽은 후, 글쓴이가 제기한 문제 상황과 주장 그리고 알맞은 근거를 정리해 보는 활동입니다. 주장을 뒷받침하는 또는 뒷받침하지 못하는 근거를 찾아 체크박스에 ○표 또는 ∨표를 합니다.

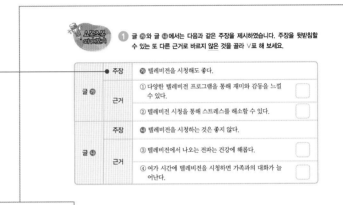

설명하는 글이나 소개하는 글을 읽은 다음 글에 담긴 정보를 확인합니다. 글에서 다루고 있는 정보들을 정리하고 자신이 알고 있었던 정보와 몰랐던 정보를 정리할 수 있습니다. 지시문에 따라 ○표 또는 ∨표 합니다.

공통 활동 보기

제시문을 바르게 이해한 사람 또는 바르지 않게 이해한 사람을 고르는 활동입니다. 사실적 이해력, 비판적 이해력을 측정할 수 있으며 보기를 읽어 본 후 지시문에 따라 정답 번호를 적습니다.

꾸준함이 독해력을 키우는
가장 좋은 방법입니다!

공습국어
초등독해의 활용

 하나 처음 일주일 정도는 아이와 함께 하세요

공습국어 초등독해의 코너 구성과 문제 유형을 아이가 이해할 수 있도록 일주일 정도는 아이와 함께
문제를 풀어보세요. 각각의 문제 유형을 설명해주고, 채점을 통해 아이에게 미진한 부분이 있으면 다시
설명해주면서 아이가 혼자서도 충분히 문제를 해결할 수 있도록 도와주세요.

 둘 꾸준히 학습할 수 있는 환경을 만들어주세요

매일 1회분씩 학습 진도를 나가는 것이 가장 이상적이긴 하지만 현실적으로 불가능한 경우가 많습니다.
따라서 매일이 아니더라도 꾸준히 교재를 볼 수 있도록 학습 스케줄을 잡아 주세요. 이때 부모님이
일방적으로 결정하지 마시고 아이와 충분히 상의하여 가능한 아이의 의견이 반영되도록 해주세요.
그래야만이 학습 과정에 대한 아이의 주체적 참여를 유도할 수 있습니다.

 셋 1권부터 순서대로 학습할 수 있도록 해 주세요

공습국어 초등독해 심화 단계는 문제 유형이나 내용이 기본 단계에 비해 다소 복잡하거나 어렵습니다.
따라서 독해력 학습을 처음 시작하는 경우라면 기본 단계부터 순서대로 교재를 보는 것이 좋습니다. 물론
이전에 독해력 교재를 보았거나 국어 실력이 상위권이라면 심화 단계부터 시작해도 괜찮습니다.

 넷 문제 풀이에 걸리는 적정한 시간은 10분 내외입니다

공습국어 초등독해 1회분에 해당하는 문제를 푸는 데 걸리는 시간은 대략 10분 정도면 충분합니다. 하지만
교재의 문제 유형이 익숙하지 않은 초반에는 이보다 시간이 더 걸릴 수도 있습니다. 따라서 일정 기간
동안은 문제 풀이 시간에 구애 받지 않고 아이가 편하게 문제를 풀면서 교재에 적응할 수 있도록 배려해
주세요.

차례
Contents

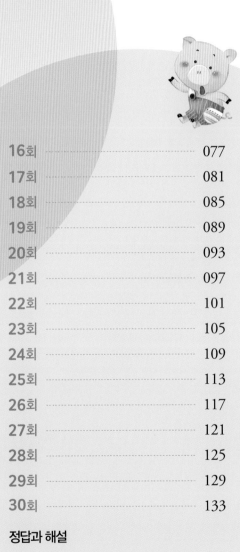

> ## 공습국어를 시작하며
>
> 이제 본격적인 독해력 공부를 시작하게 돼요.
> 크게 숨을 한 번 내쉬면서 마음을 가다듬어 보세요.
> 책을 끝까지 볼 수 있을까? 문제가 어렵지는 않을까? 하는 걱정이
> 들기도 하겠지만 막상 시작해보면 괜한 걱정이었다 싶을 거예요.
> 한 번에 밥을 많이 먹으면 탈이 날 수 있는 것처럼
> 하루에 1회씩만 꾸준히 풀어 보세요.
> 그러다 보면 어느새 독해력이 무럭무럭 자라나
> 있는 걸 볼 수 있을 거예요.
> 자 그럼 이제 출발해 볼까요?

 오늘 읽어 볼 글입니다. 차근차근 잘 읽고, 문제를 풀어 보세요.

사회 시간에 중남미 지역에 번성했던 마야 문명과 잉카 문명에 대하여 공부하였다. 처음 알게 된 내용이라 더 자세히 알고 싶어서 지난 토요일, 부모님과 함께 고양시에 있는 중남미문화원의 박물관을 찾았다.

박물관에 들어서자 잔잔한 라틴 음악이 흘러나왔고, 중앙 홀 가운데에는 스페인 양식의 돌로 만들어진 분수대가 보였다. 홀을 둘러 가면서 벽에는 성화와 성물들 그리고 조각품들이 있었다. 또 천장에는 나무로 조각한 금빛 태양상이 있었다.

박물관에는 네 개의 전시실이 있었는데, 제1전시실인 토기실에는 중남미 지역의 토기들이 전시되어 있었다. 토기실에서 가장 인상적인 것은 '다산의 여신'으로 21명의 아이들이 몸에 달라붙어 있고, 머리에 물고기를 쓰고 있었다.

제2전시실인 석기, 목기실에는 사람 모양을 한 도끼, 방망이 등 석기와 목기가 전시되어 있었다. 날개가 달린 뱀의 형상을 한 '껫살꼬아뜰' 석조물은 당시 인디오들의 영혼과 물질을 혼합한 신비의 상징이라고 한다.

제3전시실인 가면실에는 축제나 종교 행사 때 사용하던 다양한 가면들이 벽면을 가득 메우고 있었다. 특히 죽은 자는 말이 없기 때문에 입을 만들지 않았다는 '죽은 자의 가면'과 청년, 노인 그리고 죽음 등 인생 과정을 담은 '삼겹 가면'이 인상적이었다.

제4전시실인 생활 공예실에는 중남미 사람들이 사용하던 농기구와 다리미, 가구, 재봉틀과 같은 생활용품들과 악기들이 전시되어 있었다.

돌아오는 차 안에서 중남미문화원에서 가져온 안내 책자를 읽으며, 앞으로 다른 문화에 대해서 조금 더 관심을 가져야겠다고 다짐했다.

다음은 앞에서 읽은 글의 내용을 한눈에 볼 수 있도록 정리한 글밥지도입니다. 보기에서 알맞은 말을 골라 빈칸을 채워 보세요. 그리고 글에 알맞은 제목과 글의 짜임을 찾아 선으로 연결해 보세요.

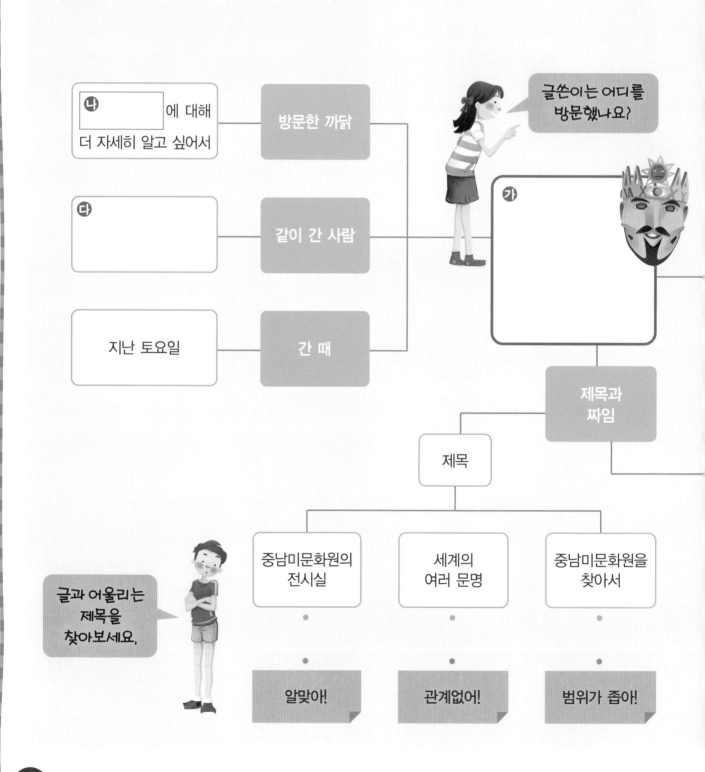

보기

① '다산의 여신'　　② '껫살꼬아뜰' 석조물　　③ 아시아 지역의 토기들

④ 사회 숙제를 하기 위해서　⑤ 마야 문명과 잉카 문명

⑥ 부모님　　⑦ 선생님과 친구들　　⑧ 중남미문화원

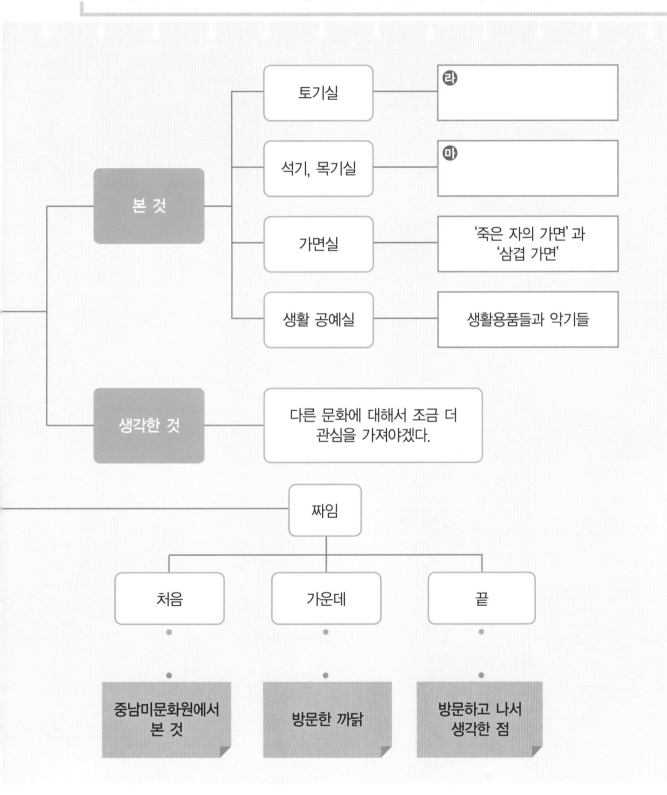

토기실 — 라

석기, 목기실 — 마

가면실 — '죽은 자의 가면'과 '삼겹 가면'

생활 공예실 — 생활용품들과 악기들

본 것

생각한 것 — 다른 문화에 대해서 조금 더 관심을 가져야겠다.

짜임

처음　　가운데　　끝

중남미문화원에서 본 것　　방문한 까닭　　방문하고 나서 생각한 점

1 다음은 글쓴이가 중남미문화원 전시실에서 본 유물들입니다. 글쓴이가 설명했던 내용을 떠올리며 각 유물의 이름을 **보기**에서 골라 답해 보세요.

① _____

② _____

보기

| 다산의 여신 | 삼겹 가면 | 껫살꼬아뜰 석조물 |

2 다음은 앞의 글을 읽은 친구들의 대화입니다. 가장 타당하지 <u>못한</u> 의견을 내고 있는 친구는 누구인가요?

①
견학을 하려면 견학 장소에 대한 정보를 미리 알아보는 것이 좋아.

②
유물을 통해 문명의 흔적을 짐작할 수 있어.

③
유물을 통해 시대마다 살아 온 모습이나 풍속이 다르다는 것을 알 수 있어.

④
이 글에는 글쓴이가 중남미문화원에서 들은 것에 대한 내용이 주로 나타나 있어.

오늘 읽어 볼 글입니다. 차근차근 잘 읽고, 문제를 풀어 보세요.

성운은 우리 은하와 외부 은하 안에 흩어져 있는 티끌과 가스 구름을 뜻합니다. 별과 별 사이에 있는 공간을 성간이라고 하고 성간을 이루고 있는 물질은 많은 양의 수소와 먼지인데, 이 성간 물질이 모여 성운이 만들어지는 것입니다. 성운은 크게 발광 성운, 암흑 성운, 반사 성운으로 나눌 수 있습니다.

발광 성운은 스스로 빛을 내는 성운으로 주로 붉은색을 띱니다. 장미 성운, 석호 성운, 오리온 성운이 발광 성운입니다.

암흑 성운은 성간 티끌이 밝은 성운이나 별의 빛을 가려 어둡게 보이는 성운을 말합니다. 이 성운에는 아주 많은 먼지가 포함되어 있습니다. 암흑 성운은 말머리 성운, 담뱃대 암흑 성운 등이 있습니다. 특히 지구에서 1,500광년 떨어진 말머리 성운은 영락없는 말머리 모양입니다.

반사 성운은 스스로 빛을 내는 것이 아니라, 가까이에 있는 별의 빛을 반사시켜❶ 밝게 보이는 성운으로 주로 푸른색을 띱니다. 마귀할멈 성운, 플레이아데스 성운 등이 반사 성운입니다.

우주는 많은 비밀을 간직한 채 화려한 자태로 끊임없이 변화하고 있습니다. 무한한 우주의 비밀을 풀기 위해 연구하고, 실마리를 풀어 가는 노력을 통해서 우주의 신비도 하나하나 밝혀지고 있습니다.

❶ **반사** : 일정한 방향으로 나아가던 빛이 다른 물체에 부딪혀 나아가던 방향을 반대로 바꾸는 현상

글밥지도 그리기

다음은 앞에서 읽은 글의 내용을 한눈에 볼 수 있도록 정리한 글밥지도입니다. 보기
에서 알맞은 말을 골라 빈칸을 채워 보세요. 그리고 글에 알맞은 제목과 문단의 내
용을 찾아 선으로 연결해 보세요.

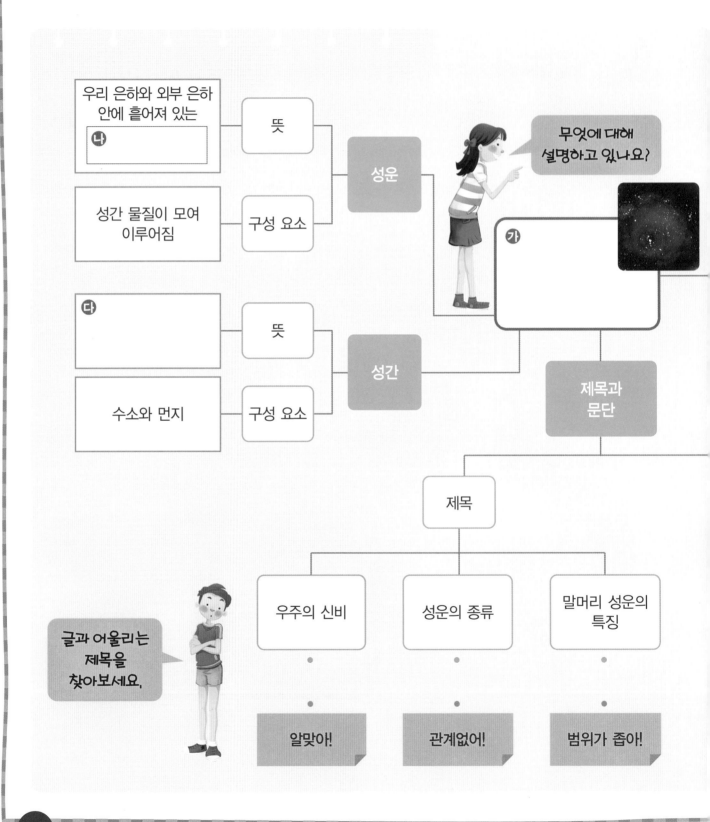

우리 은하와 외부 은하 안에 흩어져 있는 나

뜻

성간 물질이 모여 이루어짐

구성 요소

성운

무엇에 대해 설명하고 있나요?

가

성간

다

뜻

수소와 먼지

구성 요소

제목과 문단

제목

우주의 신비

성운의 종류

말머리 성운의 특징

알맞아!

관계없어!

범위가 좁아!

글과 어울리는 제목을 찾아보세요.

보기

① 성운
② 티끌과 가스 구름
③ 성간 물질
④ 어둡게 보이는 성운
⑤ 밝게 보이는 성운
⑥ 스스로 빛을 내는 성운
⑦ 별과 별 사이에 있는 공간
⑧ 은하와 은하 사이에 있는 공간

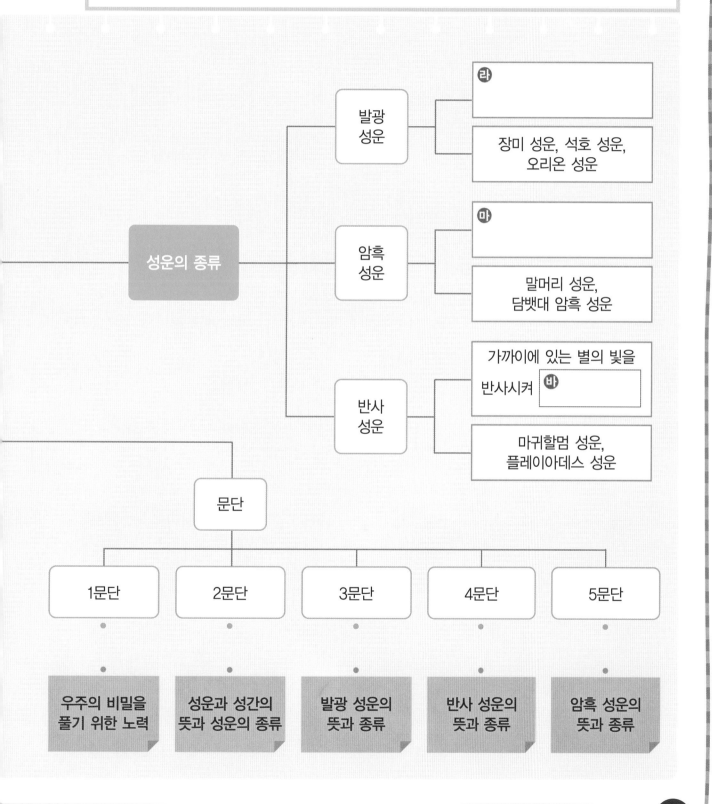

성운의 종류

발광
성운

라

장미 성운, 석호 성운,
오리온 성운

암흑
성운

마

말머리 성운,
담뱃대 암흑 성운

반사
성운

가까이에 있는 별의 빛을
반사시켜 **바**

마귀할멈 성운,
플레이아데스 성운

문단

1문단 | 2문단 | 3문단 | 4문단 | 5문단

우주의 비밀을
풀기 위한 노력

성운과 성간의
뜻과 성운의 종류

발광 성운의
뜻과 종류

반사 성운의
뜻과 종류

암흑 성운의
뜻과 종류

1 다음은 앞에서 읽은 글의 내용을 짜임에 따라 요약한 것입니다. 요약한 내용 중 바르지 <u>않은</u> 것을 골라 ∨표 해 보세요.

처음	성운은 우리 은하와 외부 은하 안에 흩어져 있는 티끌과 가스 구름을 뜻한다.	
가운데	① 발광 성운은 스스로 빛을 내는 성운으로 주로 붉은색이다.	
	② 암흑 성운은 성간 티끌이 배경의 밝은 성운이나 별의 빛을 가려 어둡게 보이는 성운이다.	
	③ 반사 성운은 반지 모양으로 보이며, 작은 별이 일생을 마칠 때 껍질 부분이 팽창하여 생긴 성운이다.	
끝	우주의 비밀을 풀기 위해 연구하고, 실마리를 풀어 가는 노력을 통해서 우주의 신비도 하나하나 밝혀지고 있다.	

2 다음은 앞의 글을 읽은 친구들의 대화입니다. 가장 타당하지 <u>못한</u> 의견을 내고 있는 친구는 누구인가요?

① 우리 눈에 보이지는 않지만, 우주는 끊임없이 변화하고 있어.

② 성운은 여러 모양이지만, 모두 푸른색을 띠고 있어.

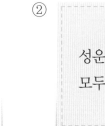

③ 우주는 알면 알수록 신비한 것 같아. 우주의 비밀이 빨리 밝혀졌으면 좋겠어.

④ 성운은 스스로 빛을 내기도 하고, 다른 별의 빛이 반사되어 빛나기도 해.

 오늘 읽어 볼 글입니다. 차근차근 잘 읽고, 문제를 풀어 보세요.

김영희 : 저는 교복을 입지 않아야 한다고 생각합니다. 왜냐하면 교복 값이 너무 비싸 경제적으로 부담이 크기 때문입니다. 대부분의 교복업체들이 연예인이나 경품으로 학생들을 유혹하면서, 광고비가 고스란히 교복 값에 더해져 비싸기 때문에 사복을 입는 것이 경제적이라고 생각합니다.

하민우 : 네, 다음은 이필립 학생 말씀해 주십시오.

이필립 : 저는 교복을 입어야 한다고 생각합니다. 교복을 입으면 경제적으로 부담이 크다고 했는데, 저는 오히려 경제적이라고 생각합니다. 왜냐하면 교복은 보통 한 벌을 사면 삼 년 동안 입지만, 사복은 유행하는 스타일에 맞추어 자주 사야 하기 때문에 교복을 입는 것이 오히려 경제적이라고 생각합니다.

하민우 : 유선경 학생 말씀해 주십시오.

유선경 : 저도 이필립 학생 의견에 동의합니다. 교복 값이 비싸서 부담이 된다면 선배들이 입었던 교복을 물려 입거나 공동 구매를 통해 가격을 낮출 수 있다고 생각합니다. 또한 교복을 입는 것이 단정해 보인다고 생각합니다.

이지아 : 저는 사복이 잘 어울리기 때문에 무조건 사복을 입어야 한다고 생각합니다.

하민우 : 다음은 이영애 학생 말씀해 주십시오.

이영애 : 저도 사복을 입는 것이 좋다고 생각합니다. 왜냐하면 각자의 개성을 살려 옷을 입을 수 있기 때문입니다.

최동건 : 저는 교복을 입는 것이 좋다고 생각합니다. 사복을 입으면 비싼 옷을 사 입는 아이들과 그렇지 못하는 아이들 사이에 위화감이 생겨 친구 사이가 나빠질 수도 있기 때문입니다.

김윤영 : 빨리 끝내고, 밥을 먹었으면 좋겠습니다.

다음은 앞에서 읽은 글의 내용을 한눈에 볼 수 있도록 정리한 글밥지도입니다. 보기 에서 알맞은 말을 골라 빈칸을 채워 보세요. 그리고 글에 알맞은 토론 주제를 찾아 선으로 연결해 보세요.

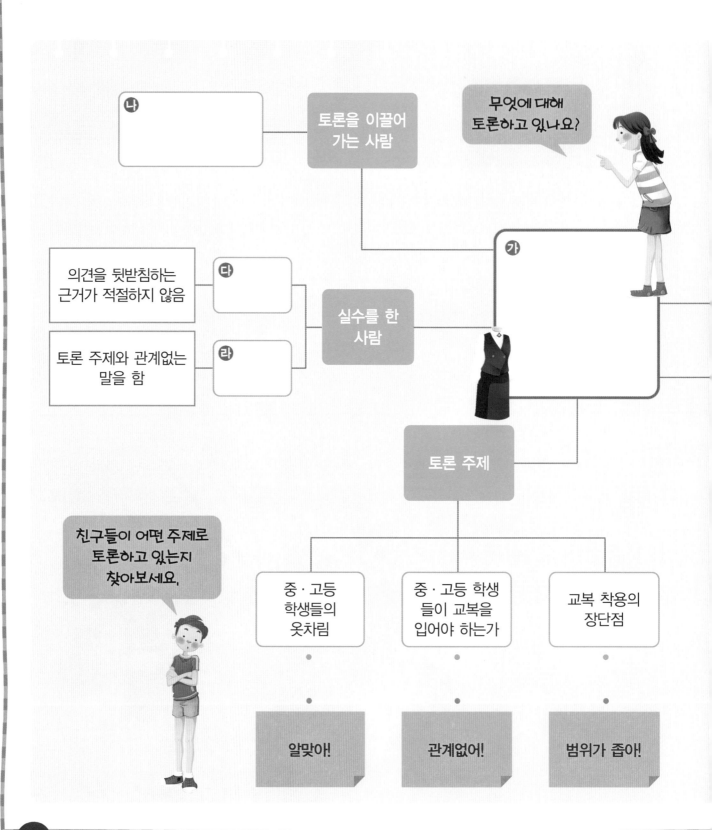

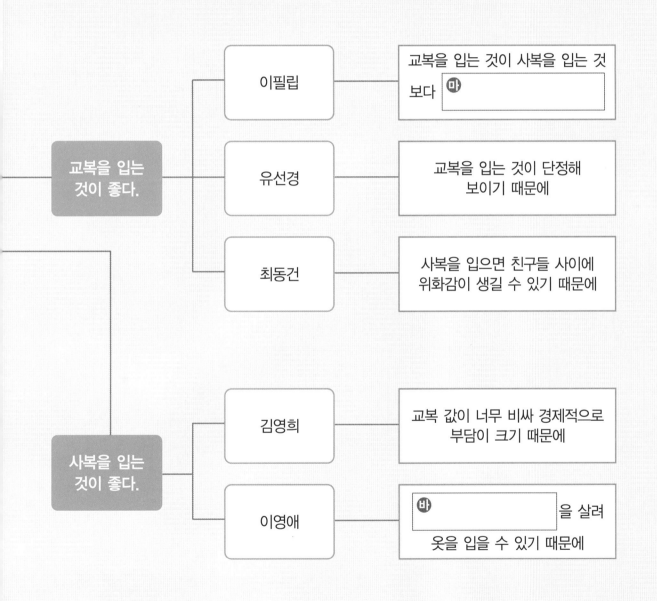

교복을 입는 것이 좋다.

이필립 — 교복을 입는 것이 사복을 입는 것보다 **마**

유선경 — 교복을 입는 것이 단정해 보이기 때문에

최동건 — 사복을 입으면 친구들 사이에 위화감이 생길 수 있기 때문에

사복을 입는 것이 좋다.

김영희 — 교복 값이 너무 비싸 경제적으로 부담이 크기 때문에

이영애 — **바** 을 살려 옷을 입을 수 있기 때문에

1 다음은 앞에서 읽은 토론하는 글의 내용을 정리한 것입니다. 토론 주제에 대해 친구들은 어떤 의견을 가지고 있나요? 각각의 주장에 대한 근거로 바르지 <u>않은</u> 것을 골라 ∨표 해 보세요.

주장	교복을 입는 것이 좋다.	
근거	① 교복을 입는 것이 사복을 입는 것보다 경제적이다.	☐
	② 사복을 입으면 친구들 사이에 위화감이 생길 수 있다.	☐

주장	사복을 입는 것이 좋다.	
근거	③ 교복 값이 너무 비싸 경제적으로 부담이 크다.	☐
	④ 사복을 입으면 단정해 보이고, 각자의 개성을 살릴 수 있다.	☐

2 다음은 앞의 글을 읽은 친구들의 대화입니다. 가장 타당하지 <u>못한</u> 의견을 내고 있는 친구는 누구인가요?

①
의견을 말할 때에는 근거를 들어 말해야 듣는 사람이 이해하기 쉬워.

②
토론의 규칙을 지키지 않으면 토론이 잘 진행되지 않아.

③
주제에 대해 찬성과 반대로 편이 나뉘고 있어.

④
친구들이 잘 의논하여 한 가지 의견으로 뜻을 모았으면 좋겠어.

 오늘 읽어 볼 글입니다. 차근차근 잘 읽고, 문제를 풀어 보세요.

늑대가 모아 놓은 돈을 다 써 버리고, 걱정을 하며 길을 걷고 있었습니다. 이때 멀리서 여우가 다가와 아는 체하며 말을 걸었습니다.

"이보게, 왜 그렇게 기운이 없어 보이나?"

"돈이 다 떨어져 음식을 배불리 먹지 못해서 그런 걸세."

잠시 생각에 잠겨 있던 여우가 좋은 생각이 떠올랐다며 말했습니다.

"늑대 친구, 좋은 방법이 하나 있네. 먼저 양을 찾아가 무조건 빌린 돈을 갚으라고 하게. 양은 온순하니 무서운 늑대 앞에선 꼼짝 못 할 거 아니겠나?"

그 말을 들은 늑대는 순해 보이는 양에게 가서 빌린 돈을 갚으라고 생떼를 썼습니다.

늑대에게 돈을 빌린 적이 없는 양은 깜짝 놀랐습니다. 양은 늑대가 끈질기게 돈을 내놓으라고 하자, 이 문제를 심판하기 위해 다른 동물들을 불러 모아 재판을 벌이자고 제안하였습니다. 재판을 벌인다는 이야기에 겁이 난 늑대는 이대로 가다가는 자신의 거짓말이 들통 날 것 같았습니다. 그래서 원숭이에게 맛있는 과자를 주면서, 거짓 증언을 부탁하였습니다. 늑대의 계획대로 과자를 받아먹은 원숭이는 거짓 증언을 했습니다.

"맞아요, 분명히 이번 주에 갚는다고 했는데……. 양아, 어서 돈을 갚아."

결국 재판관인 사자는 원숭이의 말만 듣고, 늑대의 손을 들어 주었습니다. 양은 어쩔 수 없이 자신의 털을 깎아 빌리지도 않은 돈을 갚아야만 했답니다.

다음은 앞에서 읽은 글의 내용을 한눈에 볼 수 있도록 정리한 글밥지도입니다. 보기 에서 알맞은 말을 골라 빈칸을 채워 보세요. 그리고 글에 알맞은 제목과 이야기의 구성을 찾아 선으로 연결해 보세요.

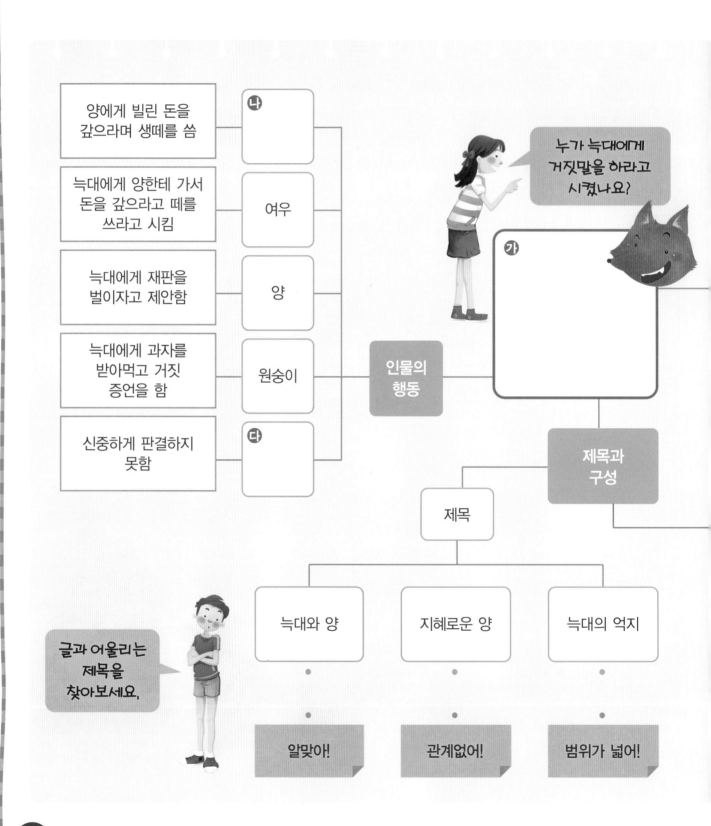

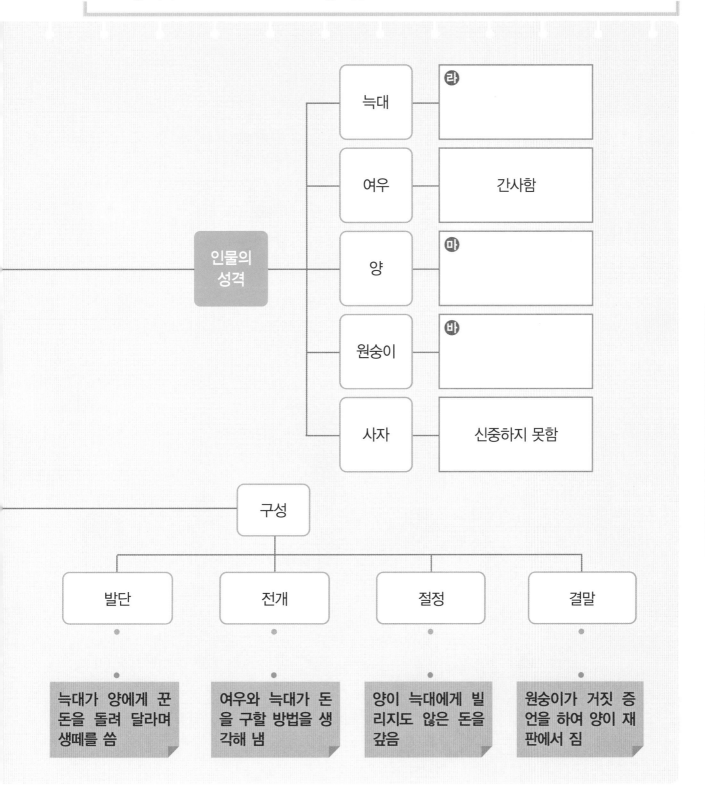

인물의
성격

늑대 ─ ㉣

여우 ─ 간사함

양 ─ ㉤

원숭이 ─ ㉥

사자 ─ 신중하지 못함

구성

발단　　　전개　　　절정　　　결말

늑대가 양에게 꾼 돈을 돌려 달라며 생떼를 씀

여우와 늑대가 돈을 구할 방법을 생각해 냄

양이 늑대에게 빌리지도 않은 돈을 갚음

원숭이가 거짓 증언을 하여 양이 재판에서 짐

1 다음은 이야기의 중요한 장면입니다. 각각의 장면에서 양의 마음은 어땠을까요? 보기 에서 골라 답해 보세요.

이봐, 양! 빌려 간 내 돈 갚아야지.

①

양아, 어서 돈을 갚아.

②

보기

당황스럽다.　　　　고맙다.　　　　신 난다.　　　　원망스럽다.

2 다음은 앞의 글을 읽은 친구들의 대화입니다. 가장 타당하지 <u>못한</u> 의견을 내고 있는 친구는 누구인가요?

① 늑대도 나쁘지만, 이 모든 일을 계획한 여우가 더 나쁘다고 생각해.

② 과자를 받아먹고, 거짓 증언을 한 원숭이도 늑대 못지않게 나빠.

③ 거짓 증언을 한 원숭이의 말만 믿은 사자도 재판관으로서 자질이 충분하지 않다고 생각해.

④ 양과 같은 억울한 일을 겪지 않으려면 무조건 힘이 세어야 해.

 오늘 읽어 볼 글입니다. 차근차근 잘 읽고, 문제를 풀어 보세요.

봄이면 우리를 괴롭히는 황사, 황사는 어디에서 왜 불어오는 걸까? 황사란 중국이나 몽골 등 아시아 대륙에서 3월부터 5월까지 불어오는 모래바람으로, 가늘고 작은 먼지로 되어 있다. 황사의 주된 원인은 중국과 몽골의 사막화와 극심한 가뭄 때문이다.

황사는 하늘을 황갈색으로 변화시킬 뿐만 아니라 햇빛을 차단하여 식물의 광합성 작용을 방해한다. 또한 반도체 등 정밀 산업에도 영향을 준다. 그리고 황사 속 중금속과 세균, 곰팡이는 면역 기능과 폐활량이 약한 노약자에게 더 큰 영향을 미쳐, 해마다 황사가 불어오는 기간에는 노약자의 천식과 비염 발생 횟수가 늘어난다. 이는 피부에도 영향을 주어 건조함과 가려움을 일으키고, 피부 노화를 촉진한다.

황사주의보가 내려지면, 즉시 창문을 닫고 실내 환기는 필터를 깨끗하게 청소한 에어컨으로 해 준다. 밖으로 나가는 일을 줄이고 가능하면 실내에서 보내는 것이 좋다. 밖에 나갈 때에는 마스크, 모자, 안경 등을 써 황사 먼지에 노출되지 않도록 한다. 집에 돌아온 뒤에는 옷이나 소지품을 털어 묻은 황사 먼지를 없애고, 손과 발은 비누로, 눈과 코는 잘 씻어 낸다. 그리고 양치질을 하면 황사 먼지가 주는 피해를 크게 줄일 수 있다.

해마다 황사 발생 일수가 증가하고 있고, 미세 먼지의 농도도 높아진다고 한다. 황사의 근본적인 원인을 없앨 수 없는 만큼 무엇보다 황사의 피해를 줄이기 위한 개인적인 노력이 필요하다.

❶ **촉진** : 다그쳐 빨리 나아가게 함

글밥지도
그리기

다음은 앞에서 읽은 글의 내용을 한눈에 볼 수 있도록 정리한 글밥지도입니다. 보기 에서 알맞은 말을 골라 빈칸을 채워 보세요. 그리고 글에 알맞은 제목과 각 문단의 내용을 찾아 선으로 연결해 보세요.

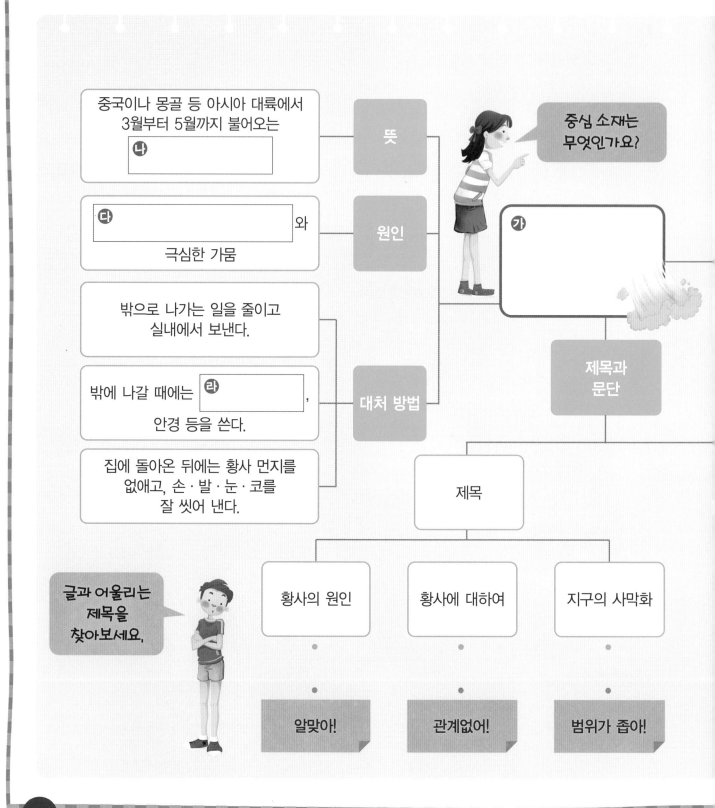

중국이나 몽골 등 아시아 대륙에서 3월부터 5월까지 불어오는 ㉯

㉰   와 극심한 가뭄

밖으로 나가는 일을 줄이고 실내에서 보낸다.

밖에 나갈 때에는 ㉴ , 안경 등을 쓴다.

집에 돌아온 뒤에는 황사 먼지를 없애고, 손·발·눈·코를 잘 씻어 낸다.

뜻

원인

대처 방법

중심 소재는 무엇인가요?

㉮

제목과 문단

제목

글과 어울리는 제목을 찾아보세요.

황사의 원인

황사에 대하여

지구의 사막화

알맞아!

관계없어!

범위가 좁아!

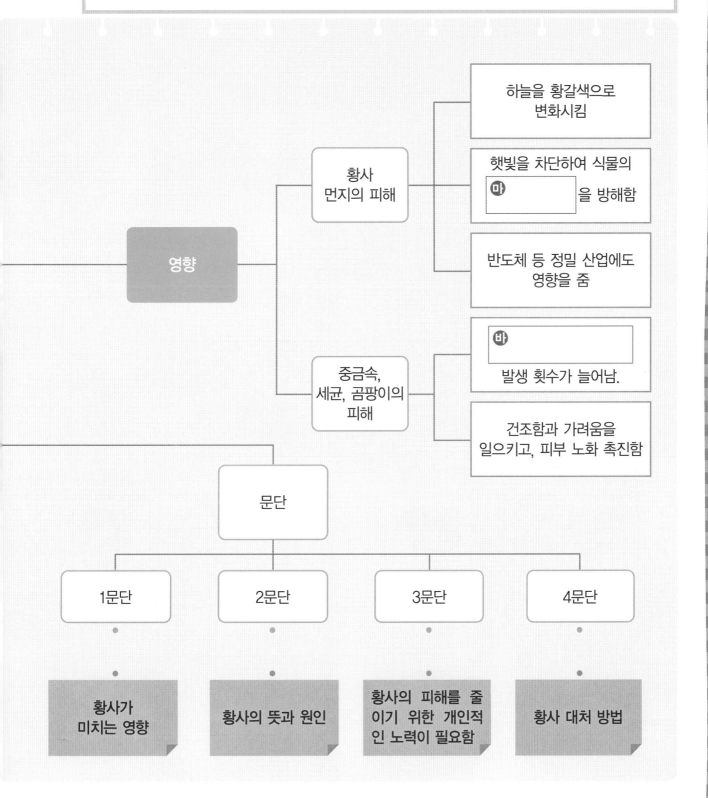

보기

❶ 천식, 비염　　　❷ 황사　　　❸ 중국과 몽골의 사막화

❹ 마스크, 모자　　　❺ 비옷, 장화　　　❻ 광합성 작용

❼ 모래바람　　　❽ 물의 흡수

영향

황사
먼지의 피해

하늘을 황갈색으로
변화시킴

햇빛을 차단하여 식물의
마 을 방해함

반도체 등 정밀 산업에도
영향을 줌

중금속,
세균, 곰팡이의
피해

바
발생 횟수가 늘어남.

건조함과 가려움을
일으키고, 피부 노화 촉진함

문단

1문단

2문단

3문단

4문단

황사가
미치는 영향

황사의 뜻과 원인

황사의 피해를 줄
이기 위한 개인적
인 노력이 필요함

황사 대처 방법

1 다음은 앞에서 읽은 글의 내용을 짜임에 따라 요약한 것입니다. 요약한 내용 중 바르지 <u>않은</u> 것을 골라 ∨표 해 보세요.

처음	황사란 중국이나 몽골 등 아시아 대륙에서 3월부터 5월까지 불어오는 모래바람으로, 가늘고 작은 미세 먼지로 되어 있다.	
가운데	① 황사의 주된 원인은 중국과 몽골의 사막화와 극심한 가뭄이다.	
	② 황사 먼지와 황사 속 중금속과 세균, 곰팡이는 환경적, 경제적, 위생적으로 좋지 않은 영향을 미치고 있다.	
	③ 황사는 먼지가 중금속과 세균, 곰팡이보다 더 위험하므로 먼지에만 노출되지 않으면 된다.	
끝	황사의 근본적인 원인을 제거할 수 없는 만큼 무엇보다 황사의 피해를 줄이기 위한 개인적인 노력이 필요하다.	

2 다음은 앞의 글을 읽은 친구들의 대화입니다. 가장 타당하지 <u>못한</u> 의견을 내고 있는 친구는 누구인가요?

①
해마다 황사 발생 일수가 증가하고 있고, 미세 먼지의 농도도 높아진다니 정말 걱정이야.

②
황사는 우리들의 생활에 부정적인 영향을 많이 끼치기 때문에 정말 싫어.

③
황사는 주로 가을에 많이 불기 때문에, 나는 가을이 싫어.

④
황사가 불 때에는 밖에 나갔다 오면 반드시 손발을 깨끗이 씻고, 양치질을 해야 해.

오늘 읽어 볼 글입니다. 차근차근 잘 읽고, 문제를 풀어 보세요.

화석정

이이

숲 속 정자에 가을이 깊어
시인의 생각 끝이 없어라.

멀리 강물 하늘에 닿아 푸르고
서리 맞은 단풍 햇빛 받아 붉어라.

산은 외로운 둥근 달을 환하게 토해 내고
강은 끝없이 만리에서 불어오는 바람 안고 흐른다.

아아, 가을 하늘 찬 기러기 어디로 가나
기러기 기럭기럭
저녁 구름 속으로 사라져 간다.

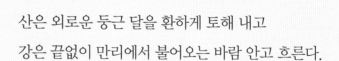

다음은 앞에서 읽은 글의 내용을 한눈에 볼 수 있도록 정리한 글밥지도입니다. 보기 에서 알맞은 말을 골라 빈칸을 채워 보세요. 그리고 각 연에서 무엇을 표현하였는지 찾아 선으로 연결해 보세요.

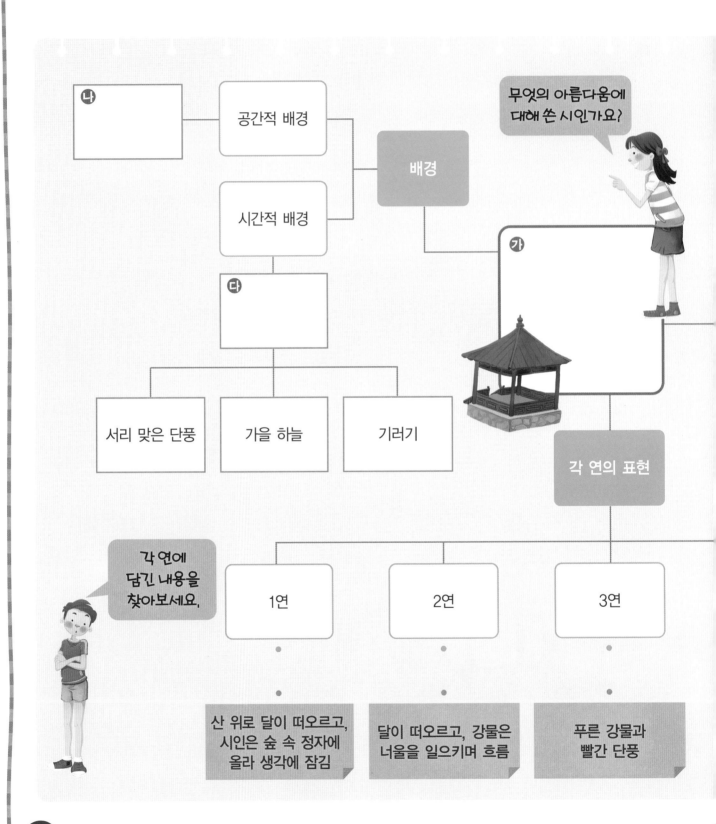

나

공간적 배경

시간적 배경

배경

다

서리 맞은 단풍

가을 하늘

기러기

무엇의 아름다움에 대해 쓴 시인가요?

가

각 연의 표현

각 연에 담긴 내용을 찾아보세요.

1연

2연

3연

산 위로 달이 떠오르고, 시인은 숲 속 정자에 올라 생각에 잠김

달이 떠오르고, 강물은 너울을 일으키며 흐름

푸른 강물과 빨간 단풍

보기

❶ 서리 맞은 단풍   ❷ 숲 속 정자   ❸ 가을 경치
❹ 가을   ❺ 달이 뜨는 모습   ❻ 토해 낸다.
❼ 안고 흐른다.   ❽ 여름 경치

시각적 심상
- 푸른 강물과 빨간 단풍
- 산 위로 [라]
- 너울이 이는 강물

의인법
- 산이 둥근 달을 [마]
- 강이 바람을 [바]

4연

기러기가 저녁 구름 속으로 사라짐

빛깔이나 모양으로 느끼는 감각을 '시각적 심상'이라고 하고, 사람이 아닌 것을 사람이 행동하는 것처럼 표현한 것을 '의인법'이라고 해요.

1 앞에서 읽은 글은 율곡 이이가 여덟 살에 지은 시입니다. 어른이 되어 화석정에 앉아 있는 율곡 이이의 마음으로 바르지 <u>않은</u> 것을 모두 골라 ∨표 해 보세요.

고즈넉하다.	
쓸쓸하다.	
후련하다.	
아쉽다.	
개운하다.	

2 다음은 앞의 글을 읽은 친구들의 대화입니다. 가장 타당하지 <u>못한</u> 의견을 내고 있는 친구는 누구인가요?

① 아름다운 가을 경치에 흠뻑 젖어 있는 글쓴이의 마음이 느껴져.

② 가을의 산, 강, 날아가는 기러기를 눈에 보이듯이 실감 나게 표현한 것이 재미있어.

③ 찬 바람 도는 가을 하늘로 날아가는 기러기가 쓸쓸하게 느껴져.

④ 가을 아침 밝은 해가 희망차게 떠오르는 장면이 떠올라.

글의 갈래	**안내하는 글**
걸린 시간	분 초

 오늘 읽어 볼 글입니다. 차근차근 잘 읽고, 문제를 풀어 보세요.

　○○원자력연구소에서는 ○○신문의 후원으로 제3회 원자력 공모전을 실시합니다. 이번 공모전은 원자력 에너지에 대한 이해를 높이고, 원자력 에너지의 중요성과 안전성을 홍보하기 위한 목적으로 주최하게 되었습니다.

　응모 분야는 글짓기, 미술(포스터, 회화)[1]이며, 주제는 '생활을 편리하게 하는 원자력 에너지', '녹색 에너지, 원자력으로 만드는 행복한 세상'으로, 이 중 한 가지를 선택하여 지원할 수 있습니다. 참가 대상은 글짓기는 '초·중·고등학교 재학생'이며, 미술은 '유치원생, 초·중·고등학교 재학생'입니다.

　접수 기간은 20○○. 8. 1.(토)~8. 20.(월)까지이며, 응모 방법은 온라인으로 할 경우에는 ○○원자력연구소 누리집에서 참가 신청서를 작성한 뒤 접수하고, 우편으로 할 경우에는 누리집에서 참가 신청서를 내려받아 작성한 뒤, 작품 뒷면에 부착하여[2] 제출하면 됩니다.

　작품 제출 규격은 글짓기는 200자 원고지 15장 안팎이고, 미술은 4절지(가로 39센티미터 ×세로 54센티미터)입니다.

　문의 및 기타 자세한 사항은 ○○원자력연구소로 연락 주시기 바랍니다.

❶ 회화 : 여러 가지 선이나 색채로 평면 상에 형상을 그려 내는 미술
❷ 부착하여 : 떨어지지 아니하게 붙여서 또는 그렇게 붙이거나 달아서

다음은 앞에서 읽은 글의 내용을 한눈에 볼 수 있도록 정리한 글밥지도입니다. 보기에서 알맞은 말을 골라 빈칸을 채워 보세요. 그리고 글에 알맞은 제목을 찾아 선으로 연결해 보세요.

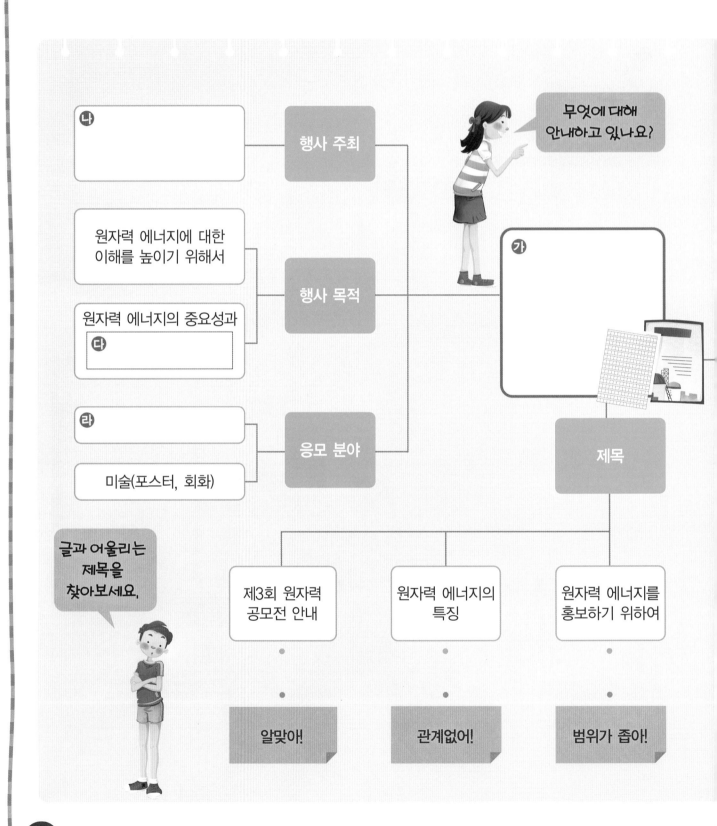

무엇에 대해 안내하고 있나요?

나

원자력 에너지에 대한 이해를 높이기 위해서

원자력 에너지의 중요성과 다

라

미술(포스터, 회화)

행사 주최

행사 목적

응모 분야

가

제목

글과 어울리는 제목을 찾아보세요.

제3회 원자력 공모전 안내

원자력 에너지의 특징

원자력 에너지를 홍보하기 위하여

알맞아!

관계없어!

범위가 좁아!

보기

① 서예   ② ○○원자력연구소   ③ 제3회 원자력 공모전

④ 온라인 접수   ⑤ 글짓기   ⑥ 유치원생, 초 · 중 · 고등학교 재학생

⑦ 초 · 중 · 고등학교 재학생   ⑧ 안전성을 홍보하기 위해서

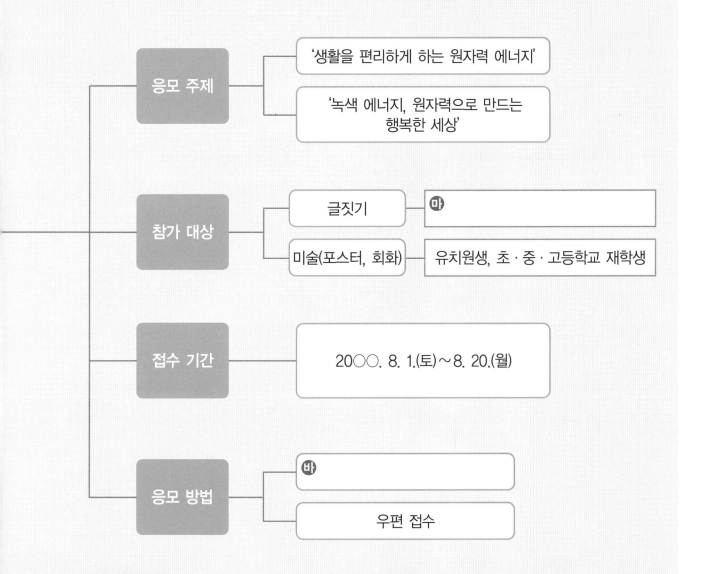

| 응모 주제 | '생활을 편리하게 하는 원자력 에너지' |
| | '녹색 에너지, 원자력으로 만드는 행복한 세상' |

| 참가 대상 | 글짓기 | 마 |
| | 미술(포스터, 회화) | 유치원생, 초 · 중 · 고등학교 재학생 |

| 접수 기간 | 20○○. 8. 1.(토)~8. 20.(월) |

| 응모 방법 | 바 |
| | 우편 접수 |

1 다음은 안내하는 글의 특징을 정리한 것입니다. 바르지 <u>않은</u> 것을 찾아 ∨표 해 보세요.

안내하는 글의 특징	
① 어떤 장소나 새롭게 벌이는 행사 등을 알리는 글이다.	☐
② 안내하는 글에는 주최, 목적, 장소, 기간, 내용 등이 나타나야 한다.	☐
③ 안내하는 글을 쓸 때에는 내용을 간략하면서도 정확하게 써야 한다.	☐
④ 비유를 적절하게 사용하여 표현하면 효과적이다.	☐
⑤ 객관적이고, 일반적인 표현을 사용하여 나타내어야 한다.	☐

2 다음은 앞의 글을 읽은 친구들의 대화입니다. 가장 타당한 의견을 내고 있는 친구는 누구인가요?

①
이 글을 읽을 때는 행사 내용, 목적, 장소, 기간 등을 잘 살펴야 해.

②
과장된 내용이 많아서 무엇을 알리는 글인지 잘 모르겠어.

③
읽는 사람의 관심과 흥미를 끌기 위해 독특한 표현을 사용하였어.

④
행사에 참여하기를 바라는 글쓴이의 주장이 잘 나타나 있어.

 오늘 읽어 볼 글입니다. 차근차근 잘 읽고, 문제를 풀어 보세요.

　우리 주변에서 애완견을 키우는 사람을 쉽게 만날 수 있다. 그러나 애완견을 키우는 데 최소한의 예절과 애완견 관련 법규를 지키지 않는 사람들이 많아 사회 문제 및 환경 문제가 일어나고 있다.

　첫째, 애완견을 데리고 대중교통을 이용하는 사람들이 많다. 일부 애완견은 지하철에서 배설물을 쏟아 내거나, 시끄럽게 짖어 지하철 승객들이 불쾌감을 갖게 한다. 애완견과 함께 대중교통을 이용할 때에는 애완견을 이동장에 넣어 데리고 타야 한다.

　둘째, 애완견에 대한 정확한 지식 없이 그저 예쁘고 귀여워서 무조건 키우다 보니, 애완견이 늙거나 병들어 키우기 힘들어지면 내쫓거나 버리는 일이 생긴다. 애완견에 관한 지식을 충분히 습득하고, 애완동물을 단순히 키우는 동물이 아니라 함께 살아가는 인생의 동반자로 여기고, 책임을 다하는 자세를 가져야 한다.

　셋째, 밖으로 나갈 때 애완견에게 목줄을 매어 주지 않는 것도 문제이다. 집에서는 온순한 애완견일지라도 야외의 낯선 냄새와 큰 소리로 인해 돌변❶할 수 있다. 그럴 경우 지나가는 사람을 물거나 다치게 하는 사고가 가끔 일어난다.

　넷째, 애완견을 데리고 밖으로 나갈 때는 배변 봉투를 가지고 다녀야 한다. 자신이 키우는 개가 공공장소에서 배설을 해도 그냥 내버려 두어, 그곳을 이용하는 많은 사람에게 불쾌감을 주어서는 안 된다.

　애완견을 키우면서 다른 사람에게 피해를 주어서는 안 된다. 또한 가족처럼 키우던 애완견을 싫증 나거나 귀찮다고 하여 버리는 일이 있어서도 안 된다. 우리 모두 애완견을 키울 때의 예절을 지키자.

❶ **돌변** : 뜻밖에 갑자기 달라지거나 달라지게 함 또는 그런 변화

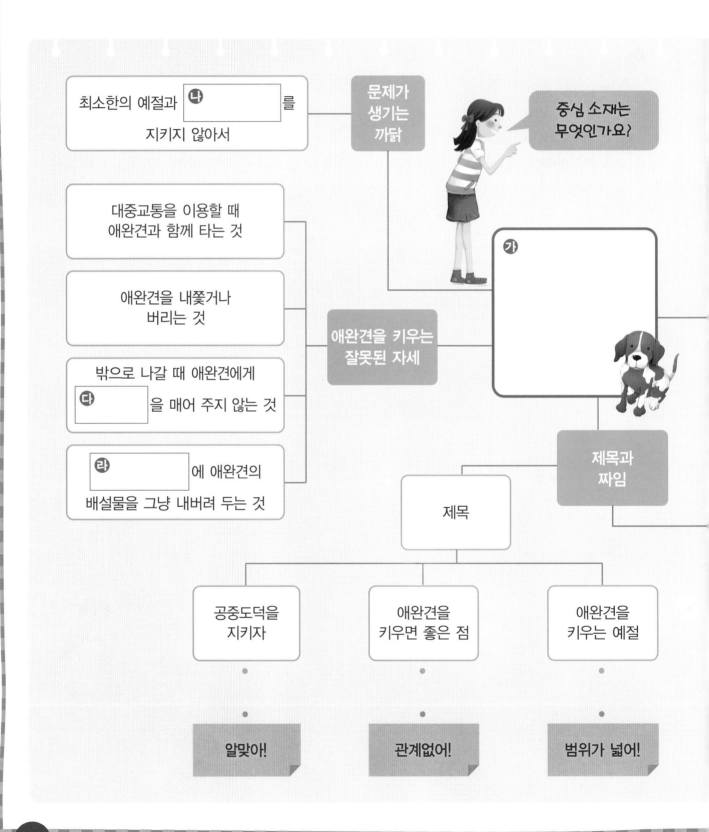

다음은 앞에서 읽은 글의 내용을 한눈에 볼 수 있도록 정리한 글밥지도입니다. 보기 에서 알맞은 말을 골라 빈칸을 채워 보세요. 그리고 글에 알맞은 제목과 글의 짜임을 찾아 선으로 연결해 보세요.

최소한의 예절과 ㉯ 를 지키지 않아서

문제가 생기는 까닭

중심 소재는 무엇인가요?

㉮

대중교통을 이용할 때 애완견과 함께 타는 것

애완견을 내쫓거나 버리는 것

애완견을 키우는 잘못된 자세

밖으로 나갈 때 애완견에게 ㉰ 을 매어 주지 않는 것

㉱ 에 애완견의 배설물을 그냥 내버려 두는 것

제목과 짜임

제목

공중도덕을 지키자

애완견을 키우면 좋은 점

애완견을 키우는 예절

알맞아!

관계없어!

범위가 넓어!

46

보기

① 애완견 관련 법규　　② 목줄　　③ 규칙을 지키지 않아 생기는 문제점

④ 공공장소　　⑤ 애완견의 적당한 운동 필요

⑥ 이동장　　⑦ 애완견　　⑧ 배변 봉투

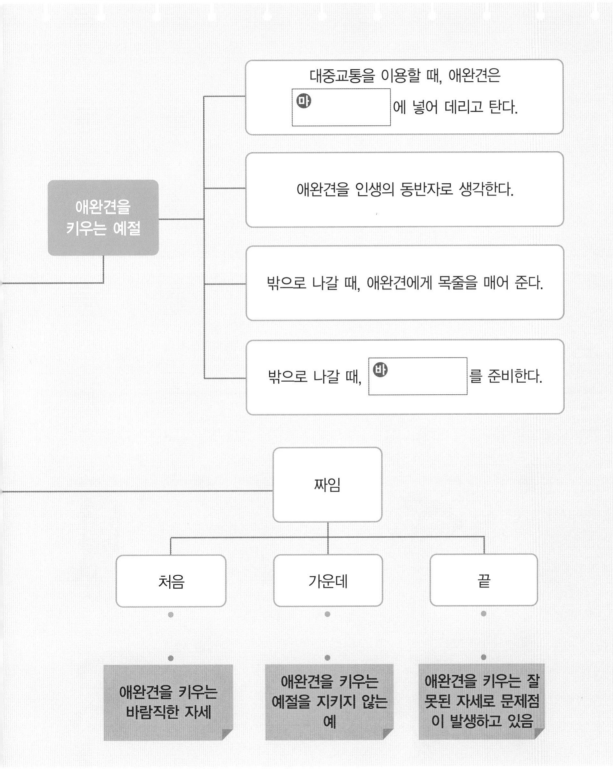

대중교통을 이용할 때, 애완견은 **㉰** 에 넣어 데리고 탄다.

애완견을 인생의 동반자로 생각한다.

밖으로 나갈 때, 애완견에게 목줄을 매어 준다.

밖으로 나갈 때, **㉱** 를 준비한다.

애완견을 키우는 예절

짜임

처음 · 애완견을 키우는 바람직한 자세

가운데 · 애완견을 키우는 예절을 지키지 않는 예

끝 · 애완견을 키우는 잘못된 자세로 문제점이 발생하고 있음

1 다음은 앞에서 읽은 글에서 제기한 문제와 주장을 정리한 것입니다. 어떤 주장을 내세웠는지 적고, 그 주장을 뒷받침하는 근거로 바르지 <u>않은</u> 것을 골라 ∨표 해 보세요.

문제 제기	애완견을 키우는 데 최소한의 예절과 애완견 관련 법규를 지키지 않아 사회 문제 및 환경 문제가 일어나고 있다.
주장	㉮
근거	① 일부 애완견은 지하철에서 배설물을 쏟아 내거나 시끄럽게 짖는다.
	② 주인의 변심으로 버려지는 애완견이 줄어들고 있다.
	③ 애완견이 지나가는 사람을 물거나 다치게 하는 사고가 가끔 일어난다.
	④ 애완견이 배설을 해도 그냥 내버려 두어, 공공장소를 이용하는 많은 사람에게 불쾌감을 준다.

2 다음은 앞의 글을 읽은 친구들의 대화입니다. 가장 타당한 의견을 내고 있는 친구는 누구인가요?

① 애완견을 끝까지 키울 자신이 없으면 처음부터 키우지 않는 것이 나아.

② 애완견에게 목줄을 매어 주는 것은 애완견의 자유를 억누르는 것이므로 꼭 하지 않아도 돼.

③ 애완견도 생명이 있는 동물이므로 함부로 대해서는 안 된다고 생각해.

④ 애완견을 장난감이나 일회용 물건처럼 생각하기 때문에 많은 애완견이 버려지는 것 같아.

오늘 읽어 볼 글입니다. 차근차근 잘 읽고, 문제를 풀어 보세요.

단오는 수릿날, 천중절, 중오절, 단양이라고도 한다. 단오는 오(五)의 수가 겹치는 음력 5월 5일로, 양기가 왕성한 날이라 하여 예로부터 설날, 한식, 추석과 함께 큰 명절로 여겨 여러 가지 풍속과 민속놀이가 행해졌다.

단오의 유래는 중국 초나라 회왕 때부터이다. 굴원이라는 신하가 간신들의 모함에 멱라수라는 강에 몸을 던져 죽었는데, 그날이 5월 5일이었다. 그 뒤 해마다 굴원의 영혼을 위로하기 위하여 제사를 지내게 되었고, 이것이 우리나라로 전해져서 단오가 되었다고 한다.

단오는 모내기를 끝낼 무렵으로 풍년을 기원하는 단오제를 지냈다. 또한 창포에 머리 감기, 쑥과 익모초 뜯기, 부적 만들어 붙이기, 대추나무 시집 보내기, 단오 비녀 꽂기 같은 풍속과 함께 그네뛰기, 활쏘기, 씨름 같은 민속놀이도 행해졌다.

단오에 먹는 음식은 더위를 대비하는 음식이 많았다. 제철을 맞아 약효가 으뜸인 쑥이나 수리취로 만든 수리취떡과 증편, 준치 만두, 앵두화채, 제호탕 같은 음식을 만들어 나누면서 초여름을 즐겼다. 이 단오 음식들은 미각을 돋울 뿐 아니라 여름을 건강하게 날 수 있는 음식이라는 점에서 우리 조상들의 지혜를 엿볼 수 있다.

하지만 오늘날 단오는 명절로서의 의미를 잃어 가고 있다. 그것은 농사를 주로 짓는 사회에서 산업 사회로 바뀌면서 생겨난 변화라고 할 수 있다.

❶ **양기** : 만물이 살아 움직이는 활발한 기운

글밥지도 그리기

다음은 앞에서 읽은 글의 내용을 한눈에 볼 수 있도록 정리한 글밥지도입니다. 보기에서 알맞은 말을 골라 빈칸을 채워 보세요. 그리고 글에 알맞은 제목과 각 문단의 내용을 찾아 선으로 연결해 보세요.

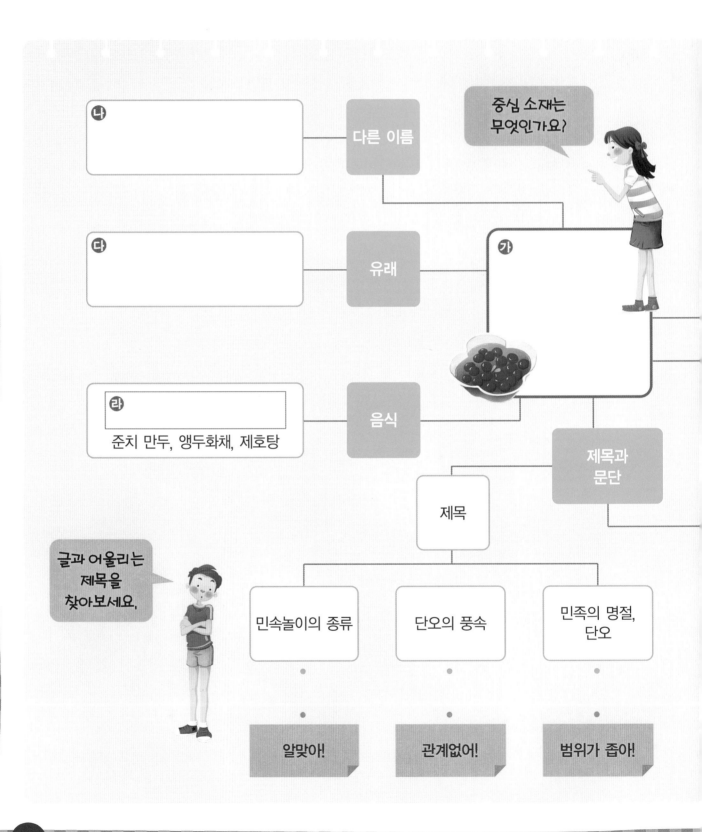

나 [   ]

다른 이름

중심 소재는 무엇인가요?

다 [   ]

유래

가

라 [   ]
준치 만두, 앵두화채, 제호탕

음식

제목과 문단

제목

글과 어울리는 제목을 찾아보세요.

민속놀이의 종류

단오의 풍속

민족의 명절, 단오

알맞아!

관계없어!

범위가 좁아!

50

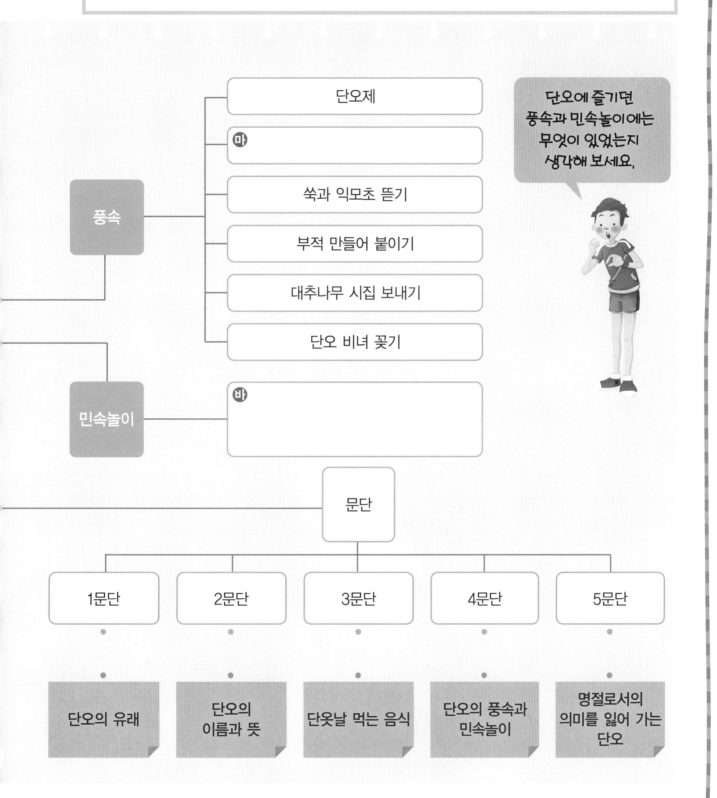

단오에 즐기던 풍속과 민속놀이에는 무엇이 있었는지 생각해 보세요.

풍속
- 단오제
- 마
- 쑥과 익모초 뜯기
- 부적 만들어 붙이기
- 대추나무 시집 보내기
- 단오 비녀 꽂기

민속놀이
- 바

문단
- 1문단 · · 단오의 유래
- 2문단 · · 단오의 이름과 뜻
- 3문단 · · 단옷날 먹는 음식
- 4문단 · · 단오의 풍속과 민속놀이
- 5문단 · · 명절로서의 의미를 잃어 가는 단오

1 다음은 앞에서 읽은 글의 내용을 짜임에 따라 요약한 것입니다. 요약한 내용 중 바르지 <u>않은</u> 것을 골라 ∨표 해 보세요.

처음	① 단오는 수릿날, 천중절, 중오절, 단양이라고도 한다.	
가운데	② 중국 초나라 회왕 때 굴원의 영혼을 위로하기 위한 제사에서 단오가 비롯되었다.	
	③ 단오에는 여러 가지 풍속과 민속놀이가 행해졌다.	
	④ 단오에는 술, 과일, 식혜, 떡, 국수, 탕, 적 같은 음식으로 제사를 지냈다.	
끝	⑤ 사회의 변화로 단오가 명절로서의 의미를 잃어 가고 있다.	

2 다음은 앞의 글을 읽은 친구들의 대화입니다. 가장 타당한 의견을 내고 있는 친구는 누구인가요?

①
수리취떡과 증편, 준치 만두, 앵두화채, 제호탕은 지금도 자주 먹는 음식들이야.

②
단오에는 달집 태우기, 부럼 깨기, 쥐불놀이, 액막이 등의 풍속을 즐겼어.

③
단오 음식들은 미각을 돋울 뿐 아니라 여름을 건강하게 날 수 있는 음식이 대부분이야.

④
단오는 지금도 큰 명절로 여겨 의미 있게 지내고 있어.

오늘 읽어 볼 글입니다. 차근차근 잘 읽고, 문제를 풀어 보세요.

초등학교 학생들이 독서를 어떻게 하고 있는지 우리 반 친구 40명을 대상으로 독서 실태를 조사하였다. 설문지를 통해 조사하였으며 우리 반 친구들 모두 설문에 참여하였다. 조사 결과는 다음과 같았다.

'한 달에 읽는 책은 몇 권입니까?'라는 질문에 8명의 학생이 '10권 이상'이라고 대답하였다. 그리고 '한 권도 읽지 않는다.'는 학생도 5명이나 되었다.

'주로 읽는 책의 종류는 무엇입니까?'라는 질문에 18명의 학생이 '만화책'이라고 대답하였고, 그 뒤를 이어 '동화책'이 10명, '과학책'이 4명 등으로 나타났다.

'책을 많이 읽지 못하는 까닭은 무엇입니까?'라는 질문에는 20여 명의 학생이 '학원에 가느라 시간이 없어서'라고 답하였고, '재미없어서'가 그 뒤를 이었다.

'여가 시간에 주로 무엇을 하며 지내고 있습니까?'라는 질문에는 19명이 '컴퓨터 게임을 한다.'고 답하였고, 10명의 학생이 '텔레비전을 본다.', 4명의 학생이 '영화를 본다.'고 답하였다. 5명이 '악기 연주나 그림 그리기 등 취미 활동을 한다.'고 답하였다. 기타 2명이었다.

이 설문 조사를 통해서 학생들이 책을 읽는 시간이 적고, 책을 읽는 양도 매우 적다는 것을 알 수 있었다. 또한 읽는 책도 흥미 위주의 내용인 만화책으로 한정되어 있어 깊이 있는 독서가 이루어지지 않는 것으로 나타났다. 독서를 많이 하지 못하는 까닭으로는 학원에 가느라 시간이 없고, 컴퓨터의 보급이 대중화되어 여가 시간의 대부분을 컴퓨터 게임을 하거나, 텔레비전을 보기 때문인 것으로 나타났다.

책만큼 좋은 스승은 없다고 한다. 초등학생 때는 자신의 꿈을 찾고 정하는 중요한 시기인 만큼 다양한 분야의 책을 읽고, 많은 세계를 경험해야 할 것이다.

글밥지도
그리기

다음은 앞에서 읽은 글의 내용을 한눈에 볼 수 있도록 정리한 글밥지도입니다. 보기 에서 알맞은 말을 골라 빈칸을 채워 보세요. 그리고 알맞은 글의 짜임을 찾아 선으로 연결해 보세요.

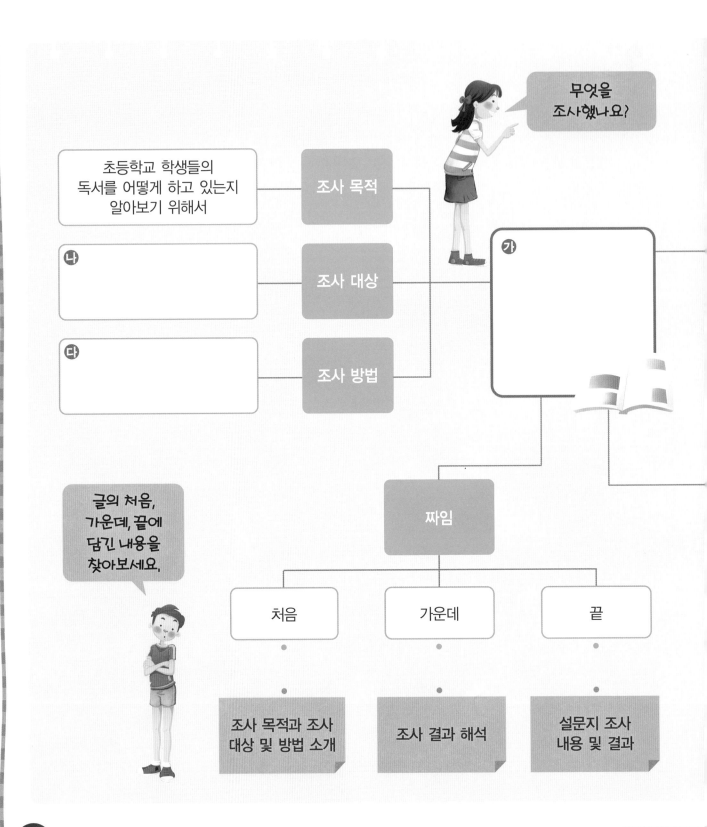

무엇을 조사했나요?

초등학교 학생들의 독서를 어떻게 하고 있는지 알아보기 위해서

조사 목적

나

조사 대상

다

조사 방법

가

글의 처음, 가운데, 끝에 담긴 내용을 찾아보세요.

짜임

처음

가운데

끝

조사 목적과 조사 대상 및 방법 소개

조사 결과 해석

설문지 조사 내용 및 결과

보기

① 텔레비전을 보기 때문에   ② 설문지 조사   ③ 우리 반 친구 40명

④ 여가 시간   ⑤ 쉬는 시간   ⑥ 주로 읽는 책

⑦ 책 읽는 양과 종류   ⑧ 초등학교 학생들의 독서 실태

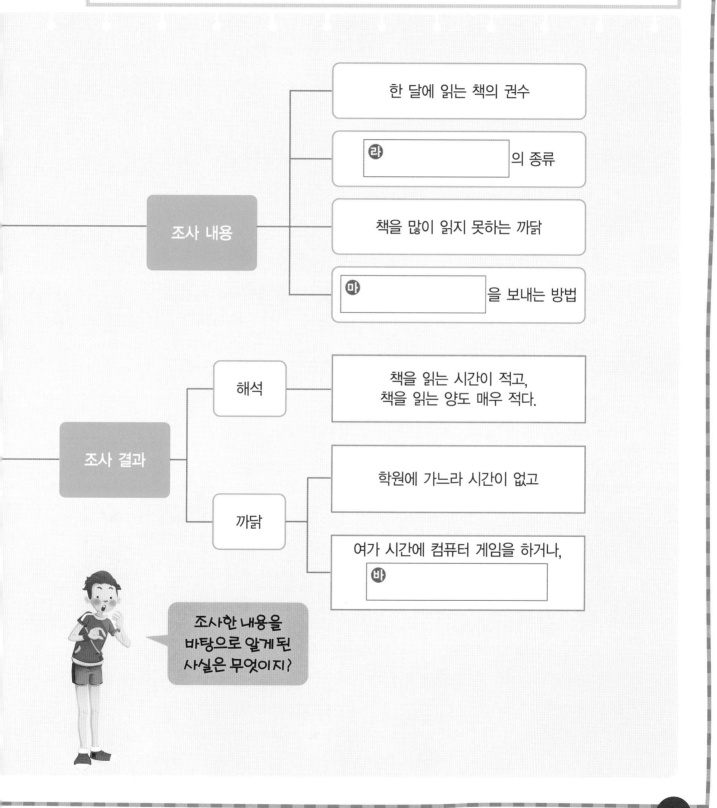

조사 내용

한 달에 읽는 책의 권수

라 [   ] 의 종류

책을 많이 읽지 못하는 까닭

마 [   ] 을 보내는 방법

조사 결과

해석

책을 읽는 시간이 적고,
책을 읽는 양도 매우 적다.

까닭

학원에 가느라 시간이 없고

여가 시간에 컴퓨터 게임을 하거나,
바 [   ]

조사한 내용을
바탕으로 알게 된
사실은 무엇이지?

55

1 다음은 앞에서 읽은 글의 설문 조사 결과를 정리한 것입니다. 바르지 <u>않은</u> 것을 모두 골라 ∨표 해 보세요.

설문 조사 결과
① 우리 반 친구 40명 가운데 8명이 한 달에 10권 이상의 책을 읽는다.
② 모든 친구들이 한 달에 한 권 이상의 책을 읽는다.
③ 주로 만화책, 동화책, 과학책을 읽는다.
④ 학원에 가느라 시간이 없어서 책을 읽지 못한다는 친구는 없었다.
⑤ 학생들이 여가 시간에 책을 읽는 대신 컴퓨터 게임을 한다.

2 다음은 앞의 글을 읽은 친구들의 대화입니다. 가장 타당한 의견을 내고 있는 친구는 누구인가요?

① 학생들은 여가 시간을 자유롭게 보내야 해. 꼭 책을 읽을 필요는 없어.

② 모든 학생들은 한 달에 보통 30권 정도의 책을 읽어.

③ 학생들이 독서의 중요성을 인식하지 못하고 있어. 좀 더 많은 시간을 독서하는 데 쓰면 좋겠어.

④ 학생들은 여가 시간의 대부분을 책을 읽으며 보내고 있어.

글의 갈래	**기사문**
걸린 시간	분 초

 오늘 읽어 볼 글입니다. 차근차근 잘 읽고, 문제를 풀어 보세요.

가을의 잔치, 교내 체육 대회 치러
종합 우승 청군, 응원상 3학년 3반, 최우수 선수상 윤가인 차지

우리 학교는 10월 23일, 교내 운동장에서 몸과 마음을 튼튼히 하고 협동심을 기르기 위해 전 교생과 선생님, 학부모님 들이 참석한 가운데 교내 가을 체육 대회를 치렀다.

올해 체육 대회에서는 청군과 백군 양 팀으로 나뉘어 100미터 달리기, 이어달리기, 줄다리 기, 공굴리기, 박 터트리기 등 다양한 경기가 치러졌다.

각 팀을 대표한 선수들은 팀의 명예를 걸고 최선을 다해 싸웠고, 나머지 학생들은 대표 선수 를 열심히 응원하였다. 선수들이 경기를 하다가 부딪치거나 넘어지면 격려의 박수를 보냈고, 상대편을 앞서면 큰 함성을 보내어 응원하였다.

종합 우승은 청군이 차지하였다. 그리고 응원상은 3학년 3반이 차지하였다. 최우수 선수상 은 윤가인 선수에게 돌아갔다.

또한 이날 체육 대회 중간에는 특별 경기로, 학생과 학부모님의 이어달리기가 있었고, 선생 님과 학부모님이 배구 경기를 벌였다. 선생님과 학부모님의 치열한 경기에 학생들은 힘찬 응 원을 보내며 즐거워하였다. 이날 모든 경기가 끝난 뒤, 특 별 행사로 운동장에서는 학생과 선생님, 학부모님들이 함께 손을 잡고 강강술래를 추며 우의와 친교를 다 졌다.

❶ **우의** : 친구 사이의 서로 사귀어 친하여 진 정

❷ **친교** : 친하게 사귐

 글밥지도 그리기

다음은 앞에서 읽은 글의 내용을 한눈에 볼 수 있도록 정리한 글밥지도입니다. **보기**
에서 알맞은 말을 골라 빈칸을 채워 보세요. 그리고 알맞은 본문의 내용을 찾아 선
으로 연결해 보세요.

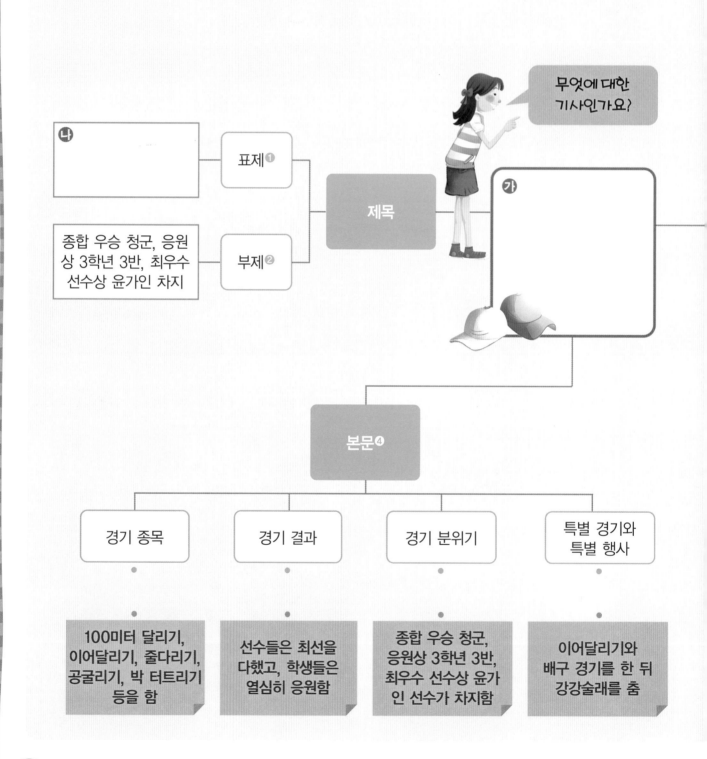

무엇에 대한
기사인가요?

나

표제❶

가

종합 우승 청군, 응원
상 3학년 3반, 최우수
선수상 윤가인 차지

부제❷

제목

본문❹

경기 종목	경기 결과	경기 분위기	특별 경기와 특별 행사
100미터 달리기, 이어달리기, 줄다리기, 공굴리기, 박 터트리기 등을 함	선수들은 최선을 다했고, 학생들은 열심히 응원함	종합 우승 청군, 응원상 3학년 3반, 최우수 선수상 윤가인 선수가 차지함	이어달리기와 배구 경기를 한 뒤 강강술래를 춤

보기

❶ 10월 23일　　　　❷ 친선 경기　　　　❸ 특별 경기
❹ 교내 운동장에서　　❺ 교내 강당에서　　❻ 교내 가을 체육 대회
❼ 가을의 잔치, 교내 체육 대회 치러　　❽ 협동심을 기르기 위해

	누가	우리 학교는
전문❸	언제	㉲
	어디서	㉳
	무엇을	교내 가을 체육 대회를
	어떻게	치렀다.
	왜	몸과 마음을 튼튼히 하고 ㉴

> 육하원칙에 해당하는 내용을 기사의 전문에서 찾아보세요.

❶ **표제** : 기사의 내용을 압축한 큰 제목

❷ **부제** : 표제를 보충하는 작은 제목

❸ **전문** : 사건과 상황을 육하원칙에 따라 요약하여 본문 앞에서 알려 주는 부분

❹ **본문** : 기사의 구체적인 내용을 상세히 알려 주는 부분

1 다음은 앞에서 읽은 글을 짜임에 따라 정리한 것입니다. 각 부분에 들어갈 내용으로 바르지 <u>않은</u> 것을 골라 ∨표 해 보세요.

표제	가을의 잔치, 교내 체육 대회 치러
부제	종합 우승 청군, 응원상 3학년 3반, 최우수 선수상 윤가인 차지
전문	우리 학교는 10월 23일, 교내 운동장에서 전교생과 선생님, 학부모님들이 참석한 가운데 교내 가을 체육 대회를 치렀다.
본문	① 체육 대회에서는 100미터 달리기, 이어달리기, 줄다리기, 공굴리기, 박 터트리기 등 다양한 경기가 치러졌다.
	② 종합 우승은 청군이 차지하였고, 응원상은 3학년 3반이, 최우수 선수상은 윤가인 선수에게 돌아갔고, 특별 경기도 치러졌다.
	③ 경기가 끝난 뒤, 운동장에서는 학생과 선생님, 학부모님들이 함께 휴지를 주웠다.

2 다음은 앞의 글을 읽은 친구들의 대화입니다. 가장 타당하지 <u>못한</u> 의견을 내고 있는 친구는 누구인가요?

① 간결하고 정확한 표현을 사용하였고, 사실을 객관적으로 나타내고 있어.

② 육하원칙에 따라 알리려는 내용을 잘 나타내고 있어.

③ 체육 대회에 대한 글쓴이의 생각이나 소감이 잘 나타나 있어.

④ 이 글은 표제, 부제, 전문, 본문 형식으로 되어 있어.

꼼꼼히 집중하여 읽기

 오늘 읽어 볼 글입니다. 차근차근 잘 읽고, 문제를 풀어 보세요.

가 즉석 밥, 햄버거, 컵라면, 냉동 만두, 통조림과 같은 즉석식품은 바쁜 현대 사회에 알맞은 음식이라고 생각한다. 식사를 제때에 할 수 없는 바쁜 사람들에게 즉석식품은 언제 어디서나 간편하게 먹을 수 있는 음식으로 안성맞춤이다. 또한 자기 혼자 먹기 위해 음식을 준비해야 하는 사람들에게 즉석식품은 시간, 노력, 비용을 절약할 수 있기 때문에 효율적인 음식이다. 즉석식품은 휴대와 보관이 쉽기 때문에 먼 여행을 갈 때나 비상용 음식으로 알맞다.

그러므로 즉석식품을 무조건 해로운 음식으로 여겨 멀리하기보다는 상황이나 여건에 맞게 먹는다면 우리의 식생활에 도움이 될 것이다.

나 대부분의 즉석식품은 단백질과 지방이 많은 반면, 비타민이나 무기질은 부족하다. 그리하여 영양의 불균형을 가져와 성장을 방해하고, 살이 찌는 원인이 된다. 즉석식품에는 방부제나 화학 조미료 등 인체에 해로운 성분이 들어 있어 암과 같은 병의 원인이 되기도 한다. 또한 재활용하기 어려운 일회용 용기를 사용하기 때문에 환경을 오염시킨다.

그러므로 즉석식품을 먹지 말아야 한다고 생각한다. 대신 어머니께서 해 주시는 음식을 먹도록 한다. 어머니께서 해 주시는 음식은 영양의 균형이 맞을 뿐만 아니라 사랑과 정성이 담긴 음식이라 정서적으로도 좋기 때문이다.

즉석식품은 편리함 뒤에 감추어진 해로움이 더 많은 음식이다. 즉석식품을 멀리하여 자신의 건강을 지키도록 해야겠다.

글밥지도 그리기

다음은 앞에서 읽은 글의 내용을 한눈에 볼 수 있도록 정리한 글밥지도입니다. 보기
에서 알맞은 말을 골라 빈칸을 채워 보세요. 그리고 글에 알맞은 제목을 찾아 선으
로 연결해 보세요.

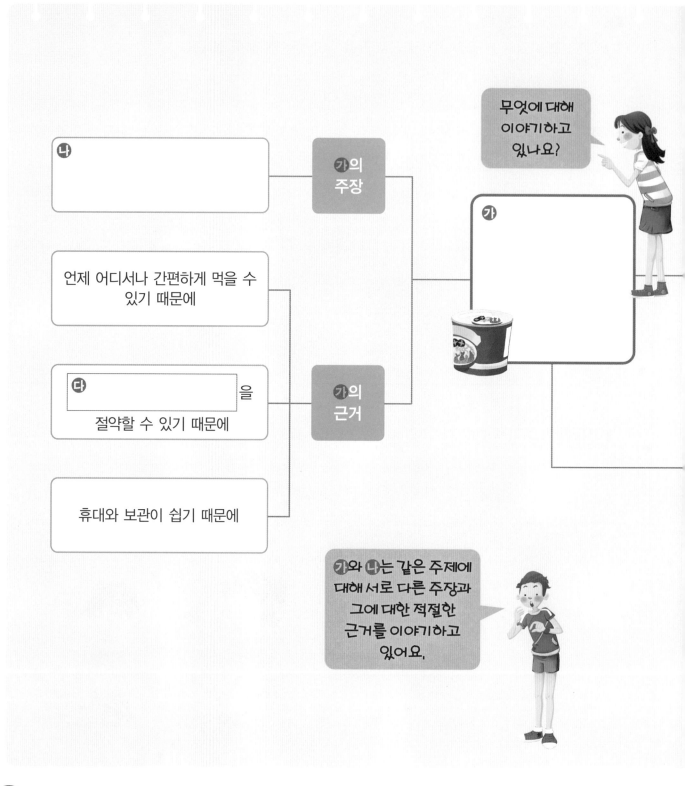

나

가의
주장

언제 어디서나 간편하게 먹을 수
있기 때문에

다   을
절약할 수 있기 때문에

가의
근거

휴대와 보관이 쉽기 때문에

무엇에 대해
이야기하고
있나요?

가

가와 나는 같은 주제에
대해 서로 다른 주장과
그에 대한 적절한
근거를 이야기하고
있어요.

보기

① 즉석식품을 먹어도 된다.　② 즉석식품을 먹어서는 안 된다.　③ 즉석식품

④ 사랑과 정성　⑤ 인체에 해로운 성분　⑥ 시간, 노력, 비용

⑦ 단백질과 지방　⑧ 성장을 방해하고, 살이 찌는 원인이 됨

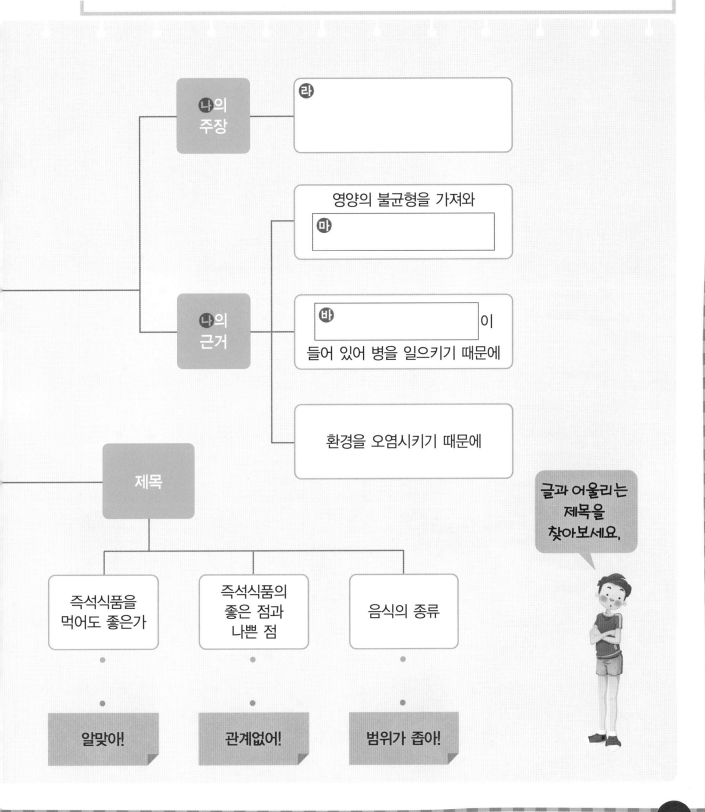

나의 주장

㉱

나의 근거

영양의 불균형을 가져와
㉲

㉳　이
들어 있어 병을 일으키기 때문에

환경을 오염시키기 때문에

제목

즉석식품을
먹어도 좋은가

즉석식품의
좋은 점과
나쁜 점

음식의 종류

알맞아!

관계없어!

범위가 좁아!

글과 어울리는
제목을
찾아보세요.

1 다음은 앞에서 읽은 글 **가**와 **나**에서 제기한 주장과 근거를 정리한 것입니다. 각각 어떤 주장을 내세웠는지 적고, 주장을 뒷받침하는 근거로 적절하지 <u>않은</u> 것을 골라 ∨표 해 보세요.

글 **가**	주장	**가**	
	근거	① 즉석식품은 언제 어디서나 간편하게 먹을 수 있어 시간, 노력, 비용을 절약할 수 있다.	
		② 즉석식품은 휴대와 보관이 어렵다.	
글 **나**	주장	**나**	
	근거	③ 즉석식품은 영양의 불균형을 가져와 성장을 방해하고, 인체에 해로운 성분이 들어 있다.	
		④ 즉석식품은 재활용하기 어려운 일회용 용기를 사용하기 때문에 환경을 오염시킨다.	

2 다음은 앞의 글을 읽은 친구들의 대화입니다. 가장 타당하지 <u>못한</u> 의견을 내고 있는 친구는 누구인가요?

① 즉석식품은 조리 시간이 적게 들고, 편리하기 때문에 바쁜 사람들이 주로 이용해.

② 즉석식품은 좋은 점도 있지만, 나쁜 점도 있어.

③ 음식은 가리지 않고 무엇이든 잘 먹는 것이 좋다고 생각해.

④ 즉석식품은 나쁜 점이 더 많으므로, 안 먹는 것이 좋다고 생각해.

 오늘 읽어 볼 글입니다. 차근차근 잘 읽고, 문제를 풀어 보세요.

내 친구 강우현을 소개합니다. 우현이는 제주도에서 태어났고, 열한 살 때 아버지께서 직장을 옮기시면서 서울로 이사를 왔다고 해요. 그래서 제주도 사투리를 잘합니다. 우현이네 가족은 아버지, 어머니 그리고 형과 동생 둘이에요.

우현이는 이해심이 많고, 듬직한 친구예요. 하는 행동을 보면 초등학생이 아니라 어른 같거든요. 형제가 많은 집에서 자라서인지 다른 친구들을 배려하고, 양보하는 마음이 깊어요. 그래서 우현이는 친구가 참 많아요. 나는 수줍음이 많아 친구를 잘 사귀지 못하는 성격이라 밝고 쾌활한 우현이의 성격이 부러울 때가 많아요.

우현이는 재주가 많은 친구예요. 글짓기를 잘해 지난달에 교내 글짓기 대회에서 최우수상을 받아, 학교 대표로 시도 대회에 나가서 우수상을 받기도 했어요. 또한 만화도 잘 그려서 직접 그린 만화를 친구들에게 보여 주기도 하는데, 정말 독특하고 재미있어요. 우현이는 커서 훌륭한 만화가가 되는 게 꿈이래요.

우현이는 친구들과 수영도 하고 미역도 따며, 바닷가에서 놀았던 제주도에 있었을 때가 그립다고 해요. 지금도 여름 방학이 되면 제주도로 친구들을 만나러 간다고 해요. 그래서 서울에서 태어난 나는 바닷가 마을이 고향인 우현이가 정말 부러워요.

언젠가 체육 시간에 내가 달리기를 하다가 넘어져 무릎을 다친 적이 있었어요. 그때 우현이가 제일 먼저 달려와 나를 부축하여 양호실로 데리고 갔지요. 그때의 일이 가장 기억에 남고, 고마웠어요.

앞으로도 지금처럼 우현이와 친하게 지내며 오랫동안 좋은 친구로 남고 싶어요.

글밥지도 그리기

다음은 앞에서 읽은 글의 내용을 한눈에 볼 수 있도록 정리한 글밥지도입니다. 보기에서 알맞은 말을 골라 빈칸을 채워 보세요. 그리고 글에 알맞은 제목과 글을 쓴 목적을 찾아 선으로 연결해 보세요.

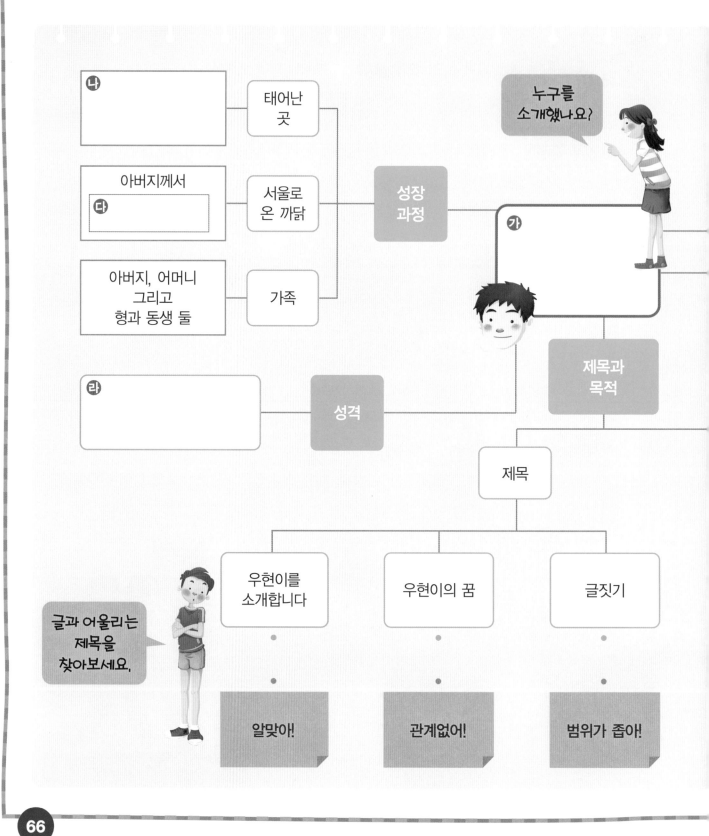

나 [   ]

태어난 곳

아버지께서 다 [   ]

서울로 온 까닭

성장 과정

누구를 소개했나요?

가

아버지, 어머니 그리고 형과 동생 둘

가족

라 [   ]

성격

제목과 목적

제목

글과 어울리는 제목을 찾아보세요.

우현이를 소개합니다

우현이의 꿈

글짓기

알맞아!

관계없어!

범위가 좁아!

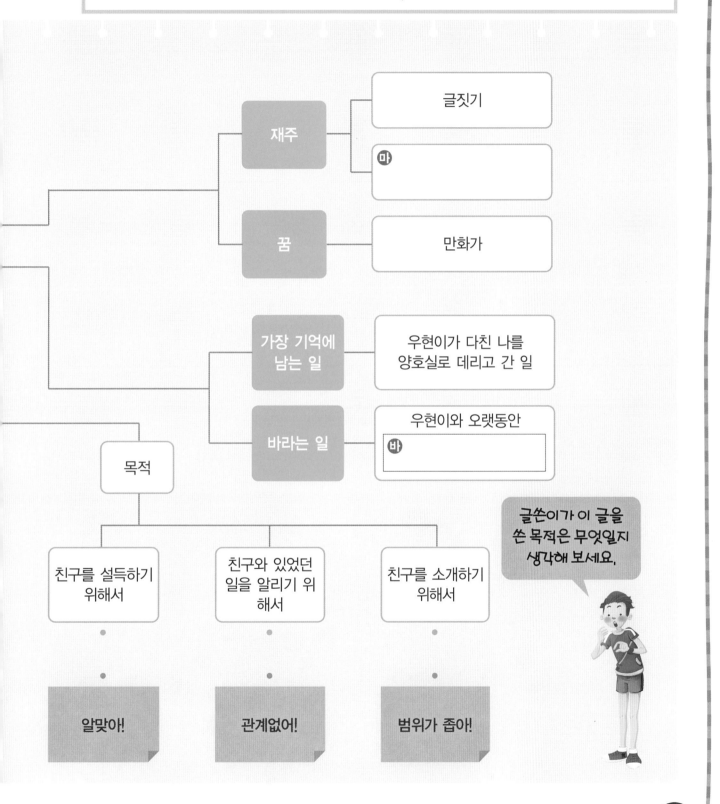

재주
글짓기
마

꿈
만화가

가장 기억에 남는 일
우현이가 다친 나를 양호실로 데리고 간 일

바라는 일
우현이와 오랫동안 **바**

목적

친구를 설득하기 위해서

친구와 있었던 일을 알리기 위해서

친구를 소개하기 위해서

알맞아!

관계없어!

범위가 좁아!

글쓴이가 이 글을 쓴 목적은 무엇일지 생각해 보세요.

1 다음은 글쓴이가 친구 우현이에게 부러운 점을 정리한 것입니다. 글쓴이가 부러워했던 점으로 알맞은 것을 모두 골라 ○표 해 보세요.

우현이에게 부러운 점	
① 밝고 쾌활한 성격으로 친구들에게 인기가 많은 것	☐
② 어렸을 때부터 서울이라는 큰 도시에서 생활한 것	☐
③ 바닷가 마을에서 태어난 것	☐
④ 교내 글짓기 대회와 시도 대회에서 최우수상과 우수상을 받은 것	☐
⑤ 제주도에서 태어났고, 열한 살 때 서울로 이사 와 제주도 사투리를 잘하는 것	☐

2 다음은 앞의 글을 읽은 친구들의 대화입니다. 가장 타당한 의견을 내고 있는 친구는 누구인가요?

① 글쓴이는 소개하는 친구를 정말 좋아하고 있어.

② 글쓴이는 소개하는 대상인 우현이에 대해 잘 모르는 것 같아.

③ 한꺼번에 여러 친구를 소개하니까 누구에 대한 소개인지 잘 모르겠어.

④ 너무 많은 것을 소개하는 바람에 소개하는 사람에 대해 잘 알 수 없어.

 오늘 읽어 볼 글입니다. 차근차근 잘 읽고, 문제를 풀어 보세요.

첨성대는 신라 제27대 선덕 여왕 16년(647년)에 세워진 천문대이다[1]. 경상북도 경주시에 있으며, 1962년 12월 20일 국보 제31호로 지정되었다.

첨성대는 높이가 9.17미터이고, 밑지름 4.93미터, 윗지름 2.85미터이다. 아래에서 위로 올라갈수록 좁아지는 병 모양을 하고 있다. 밑에서부터 4.16미터 높이에 남쪽으로 작고 네모난 창이 하나 있는데, 이 창에 사다리를 걸치고 올라와 안으로 들어갔을 것으로 추측되고 있다.

첨성대는 기단부, 원통부, 정상부의 세 부분으로 구분된다. 기단부는 정사각형 모양으로 되어 있고, 원통부는 돌을 쌓아 올렸다. 그리고 정상부는 '우물 정(井)' 자 모양의 돌인 정자석이 있는데 그 위에 천문 관측 기구를 놓고, 별을 관찰했던 것으로 보인다. 원통부는 일 년을 의미하는 362개의 돌을, 제27대 선덕 여왕을 의미하는 27단으로 쌓아 올려 만들었다. 기단부는 12개의 돌로 이루어져 있는데, 이는 일 년 열두 달을 의미한다. 이처럼 첨성대는 수학적, 과학적 원리에 따라 만들어졌다.

첨성대는 옛날 별의 움직임을 비롯하여 일식, 월식 등 천문을 관찰한 것 말고도 하늘의 움직임에 따라 농사의 시기를 결정하였다는 점에서 농사일에 도움을 준 흔적도 보인다.

첨성대는 그 규모는 크지 않지만 동양에서 가장 오래된 천문대로 그 가치가 높으며, 당시의 높은 과학 수준을 보여 주는 소중한 문화재이다.

[1] **천문대** : 천문, 즉 우주와 우주에 존재하는 모든 물체의 현상을 관측하고 연구하기 위해 설치한 시설

다음은 앞에서 읽은 글의 내용을 한눈에 볼 수 있도록 정리한 글밥지도입니다. 보기 에서 알맞은 말을 골라 빈칸을 채워 보세요. 그리고 글에 알맞은 제목과 각 문단의 내용을 찾아 선으로 연결해 보세요.

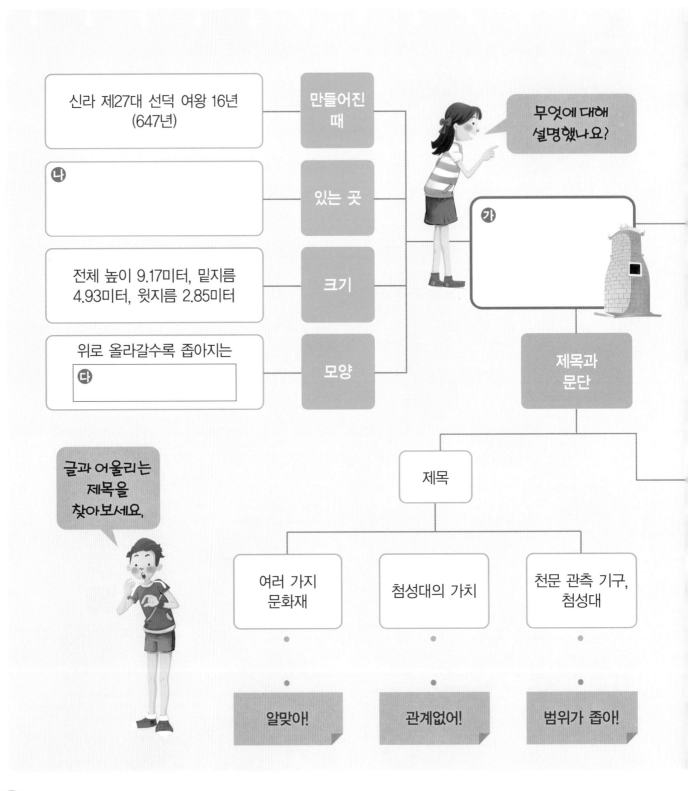

신라 제27대 선덕 여왕 16년 (647년)

만들어진 때

나

있는 곳

전체 높이 9.17미터, 밑지름 4.93미터, 윗지름 2.85미터

크기

위로 올라갈수록 좁아지는 다

모양

무엇에 대해 설명했나요?

가

제목과 문단

글과 어울리는 제목을 찾아보세요.

제목

여러 가지 문화재

첨성대의 가치

천문 관측 기구, 첨성대

알맞아!

관계없어!

범위가 좁아!

보기
❶ 천문 관측 기구의 종류 ❷ 우물 정(井) 자 모양 ❸ 천문 관측 기구
❹ 첨성대 ❺ 병 모양 ❻ 경상북도 경주시
❼ 천마총 ❽ 동양에서 가장 오래된 천문대

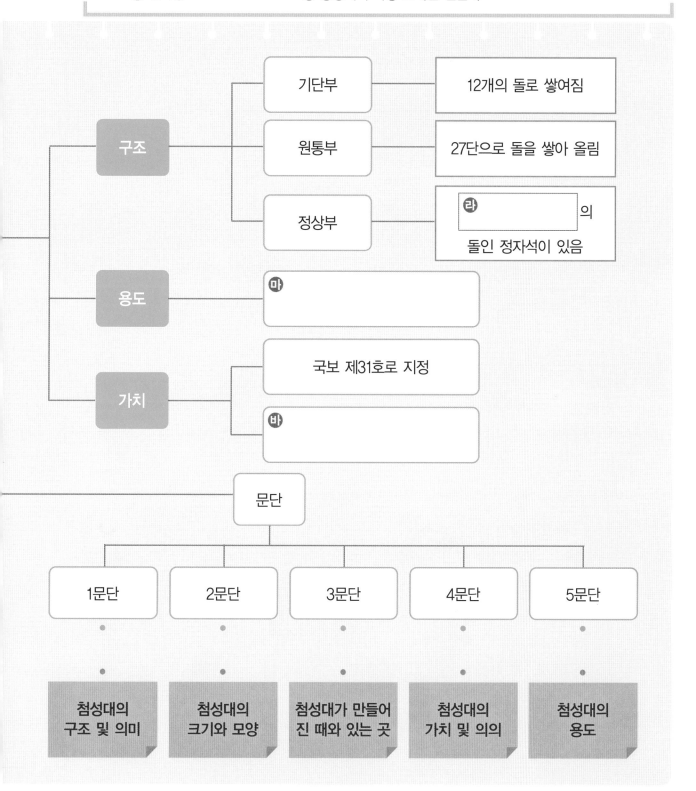

구조

기단부 ─── 12개의 돌로 쌓여짐

원통부 ─── 27단으로 돌을 쌓아 올림

정상부 ─── 라⬜⬜⬜ 의 돌인 정자석이 있음

용도 ─── 마⬜

가치 ─── 국보 제31호로 지정

바⬜

문단

| 1문단 | 2문단 | 3문단 | 4문단 | 5문단 |

| 첨성대의 구조 및 의미 | 첨성대의 크기와 모양 | 첨성대가 만들어진 때와 있는 곳 | 첨성대의 가치 및 의의 | 첨성대의 용도 |

1 다음은 앞에서 읽은 글의 내용을 짜임에 따라 요약한 것입니다. 요약한 내용 중 바르지 <u>않은</u> 것을 골라 ∨표 해 보세요.

처음	① 첨성대는 신라 제27대 선덕 여왕 16년(647년)에 세워진 천문대로 경상북도 경주시에 있으며, 1962년 12월 20일 국보 제31호로 지정되었다.	
가운데	② 첨성대는 전체 높이가 9.17미터로, 아래로 내려갈수록 좁아지는 병 모양을 하고 있다.	
	③ 첨성대는 기단부, 원통부, 정상부의 세 부분으로 구분되며 수학적, 과학적 원리에 따라 만들어졌다.	
	④ 첨성대는 농사의 시기를 결정하는 용도로도 쓰여 농사일에 도움을 준 흔적도 보인다.	
끝	⑤ 천문대는 동양에서 가장 오래된 천문대로 그 가치가 높으며, 당시의 높은 과학 수준을 보여 주는 귀중한 문화재라고 할 수 있다.	

2 다음은 앞의 글을 읽은 친구들의 대화입니다. 가장 타당하지 <u>못한</u> 의견을 내고 있는 친구는 누구인가요?

①
우리 조상들의 지혜가 담긴 문화재를 아끼고 보호해야겠다는 생각이 들어.

②
조상들의 지혜가 담긴 우리 문화재는 세계적으로도 그 가치를 인정받고 있어.

③
첨성대는 구조가 너무 간단하여 천문 관측을 하는 데 어려움이 많았던 것 같아.

④
첨성대가 동양에서 가장 오래된 천문대라니 정말 자랑스러워.

 오늘 읽어 볼 글입니다. 차근차근 잘 읽고, 문제를 풀어 보세요.

어느 날, 숲 속에서 배고픈 호랑이가 여우를 만났습니다. 호랑이가 여우를 잡아먹으려고 하자 여우가 호랑이에게 말하였습니다.

"잠깐! 당신이 뭘 잘 모르나 본데, 잡아먹기 전에 내 말부터 좀 들어 보시오."

"네 녀석 말을 들어서 뭐하려고?"

"하느님이 나를 만드실 때 나더러 모든 동물들의 어른이 되라고 하셨다는 얘기도 못 들어 봤습니까?"

"뭐가 어째? 너같이 보잘것없는 놈이 무슨 동물의 어른이냐? 나라면 모를까."

"못 믿겠다면 내 뒤를 따라와 보면 될 것 아니오. 정말인지 거짓말인지 금세 알게 될 테니까."

"좋다. 만약에 네 말이 거짓인 게 밝혀지면 당장 잡아먹어 버릴 테다."

"걱정 말고 따라오기나 해요."

호랑이는 저 조그만 여우가 동물들의 어른이라는 말을 도대체 믿을 수 없었습니다. 이윽고 여우가 숲 속으로 들어섰고, 호랑이는 그 뒤를 어슬렁어슬렁 따라갔습니다. 그런데 정말로 모든 동물들이 여우를 보자마자 벌벌 떨며 무서워하더니 도망을 갔습니다.

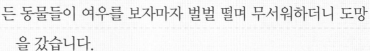

'저 녀석이 정말 동물들의 어른이 맞나 보다. 모든 동물들이 다 무서워서 도망을 가잖아!'

이제는 호랑이도 꼼짝없이 여우의 말을 믿을 수밖에 없었습니다. 호랑이는 여우를 놓아주었고, 여우는 웃으면서 냉큼 달아났답니다. 정말로 동물들이 여우를 무서워했겠습니까? 그 뒤에 따라오는 호랑이를 무서워한 것이지요.

다음은 앞에서 읽은 글의 내용을 한눈에 볼 수 있도록 정리한 글밥지도입니다. 보기 에서 알맞은 말을 골라 빈칸을 채워 보세요. 그리고 글에 알맞은 제목과 이야기의 구성을 찾아 선으로 연결해 보세요.

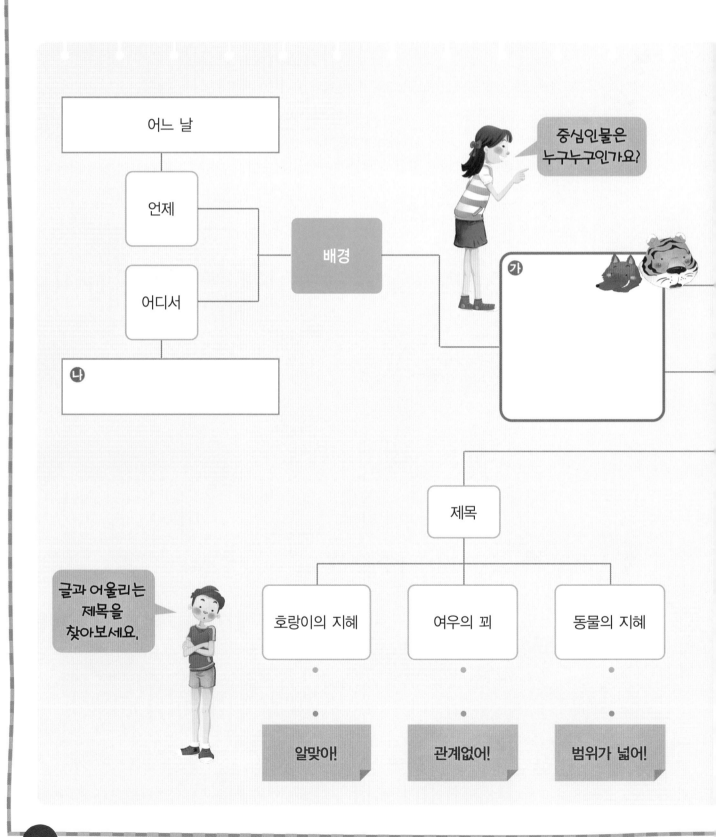

어느 날

언제

어디서

배경

중심인물은 누구누구인가요?

가

나

제목

글과 어울리는 제목을 찾아보세요,

호랑이의 지혜

여우의 꾀

동물의 지혜

알맞아!

관계없어!

범위가 넓어!

① 마음이 넓고 너그러움   ② 숲 속   ③ 호랑이

④ 여우, 호랑이   ⑤ 심술궂고 약삭빠름   ⑥ 자신이 모든 동물들의 어른

⑦ 단순하고 어리석음   ⑧ 침착하고 지혜로움

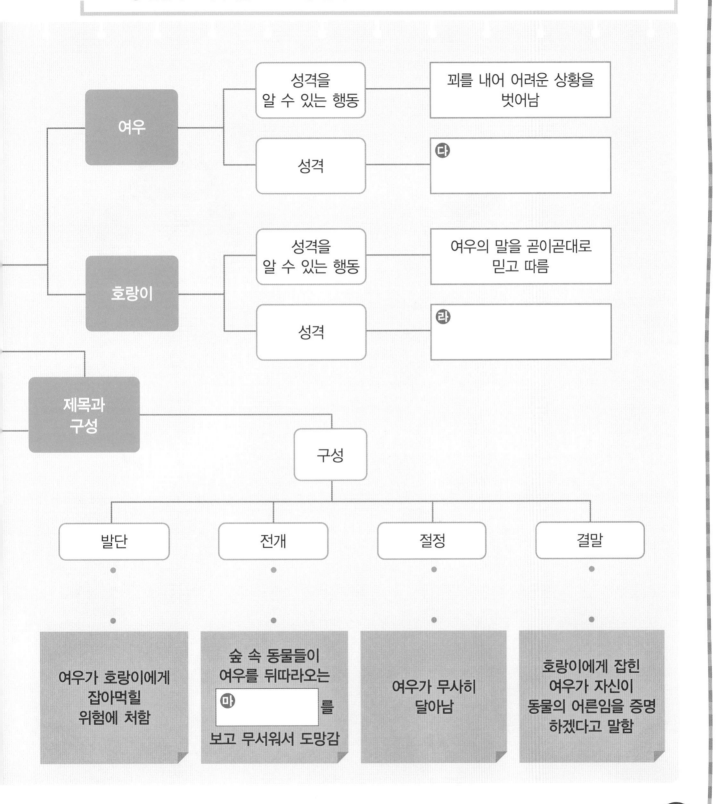

여우 — 성격을 알 수 있는 행동 — 꾀를 내어 어려운 상황을 벗어남

여우 — 성격 — ㉰

호랑이 — 성격을 알 수 있는 행동 — 여우의 말을 곧이곧대로 믿고 따름

호랑이 — 성격 — ㉱

제목과 구성 — 구성 — 발단 · 전개 · 절정 · 결말

발단: 여우가 호랑이에게 잡아먹힐 위험에 처함

전개: 숲 속 동물들이 여우를 뒤따라오는 ㉲ 를 보고 무서워서 도망감

절정: 여우가 무사히 달아남

결말: 호랑이에게 잡힌 여우가 자신이 동물의 어른임을 증명하겠다고 말함

1 앞의 이야기를 읽은 친구들이 여우, 호랑이와 대화하려고 합니다. 누구에게 어떤 말을 해 주면 좋을지 알맞은 말을 보기에서 골라 말풍선 안에 써 보세요.

 보기

① 어려움 앞에서 당황하지 않고, 지혜롭게 행동한 네가 존경스러워.

② 앞으로는 깊이 생각하고 행동하였으면 좋겠어.

2 다음은 앞의 글을 읽은 친구들의 대화입니다. 가장 타당하지 <u>못한</u> 의견을 내고 있는 친구는 누구인가요?

① 속아 넘어간 호랑이가 잘못이야. 살기 위해 거짓말을 한 여우는 잘못이 없어.

② 여우가 호랑이의 위엄을 등에 업고 죽을 위기를 무사히 넘겨 다행이야.

③ '호랑이 굴에 들어가도 정신만 차리면 살 수 있다.' 는 속담이 떠올라.

④ 상황이 어떠하든 거짓말을 한 여우는 잘못이라고 생각해.

 오늘 읽어 볼 글입니다. 차근차근 잘 읽고, 문제를 풀어 보세요.

　지구의 사막화가 날로 빨라지고 있다. 사막화의 원인으로는 크게 오랜 가뭄과 같은 자연적인 원인과 사람들의 이기적인 행동으로 인한 인위적인 원인으로 나눌 수 있다. 이 가운데 문제가 되는 것은 인위적인 원인에 의한 사막화이다.

　사막화가 일어나는 첫 번째 인위적인 원인은 화학 비료를 사용하여 농사를 짓는 것이다. 화학 비료를 뿌린 땅이 강한 햇볕을 받게 되면, 땅이 메마르게 된다. 두 번째 인위적인 원인은 인구의 증가이다. 인구 증가에 따라 많은 식량이 필요하게 되고, 가축의 사육도 늘어나게 된다. 풀밭은 일정한데 가축의 수가 늘어나면 가축들이 새순까지 먹어 치우기 때문에 풀밭은 사막으로 변하게 된다. 세 번째 인위적인 원인은 사람들에 의해 나무가 베어지고, 농경지와 산림이 훼손되는 것이다. 사람들이 마구 나무를 베어 내어 산과 숲의 파괴가 속도를 더하고 있다.

　전문가들은 사막화를 막기 위한 가장 좋은 방법으로 나무 심기를 꼽고 있다. 숲은 지구 온난화의 주범인 탄소를 흡수하고, 산소를 배출하는 기능을 하기 때문이다. 두 번째로 가뭄 대비용 풀의 씨앗을 뿌리는 것이다. 여름을 앞뒤로 비가 내리면 싹이 터서, 사막화를 막을 수 있게 된다. 세 번째는 사막화가 일어나는 곳에서 자랄 수 있는 고구마나 감자를 개발하는 등 수익성 있는 농작물을 재배하여, 식량 문제도 함께 해결하는 방법이다.

　사람들의 이기적인 행동이 지구 환경을 악화시켜 사람들도 자연으로부터 많은 고통을 받게 되었다. 자연과 사람은 서로 돕고 보호해야 한다. 따라서 사람들은 자연을 소중히 여겨야 한다.

글밥지도 그리기

다음은 앞에서 읽은 글의 내용을 한눈에 볼 수 있도록 정리한 글밥지도입니다. 보기
에서 알맞은 말을 골라 빈칸을 채워 보세요. 그리고 글에 알맞은 제목과 각 문단의
내용을 찾아 선으로 연결해 보세요.

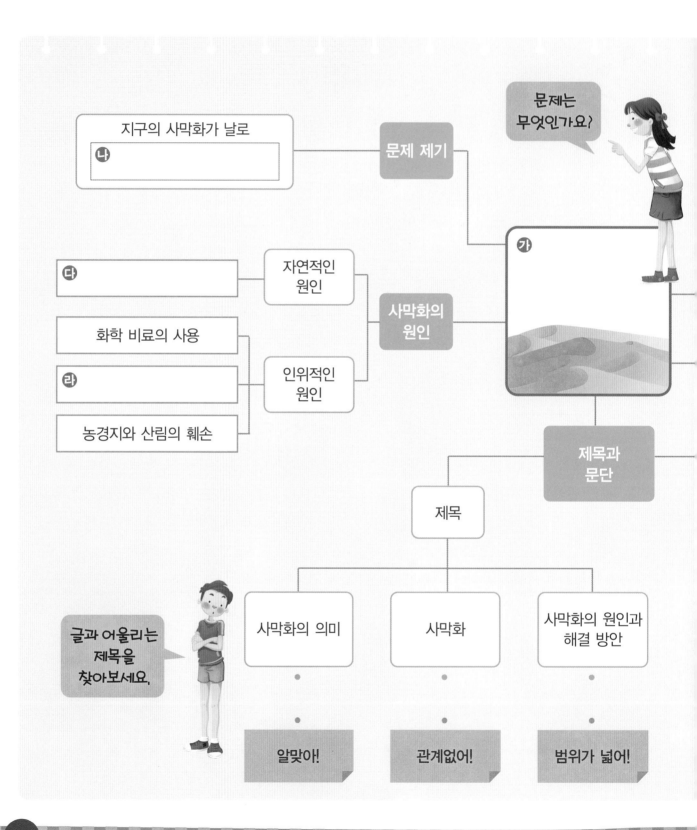

지구의 사막화가 날로
나

문제 제기

문제는
무엇인가요?

다

자연적인
원인

화학 비료의 사용

라

인위적인
원인

농경지와 산림의 훼손

사막화의
원인

가

제목과
문단

제목

글과 어울리는
제목을
찾아보세요.

사막화의 의미

사막화

사막화의 원인과
해결 방안

알맞아!

관계없어!

범위가 넓어!

78

보기

① 인구 증가　　　② 빨라지고 있다.　　　③ 점점 느려지고 있다.

④ 지구의 사막화　　⑤ 오랜 가뭄　　　⑥ 나무 심기

⑦ 기후의 변화　　　⑧ 서로 돕고 보호해야 한다.

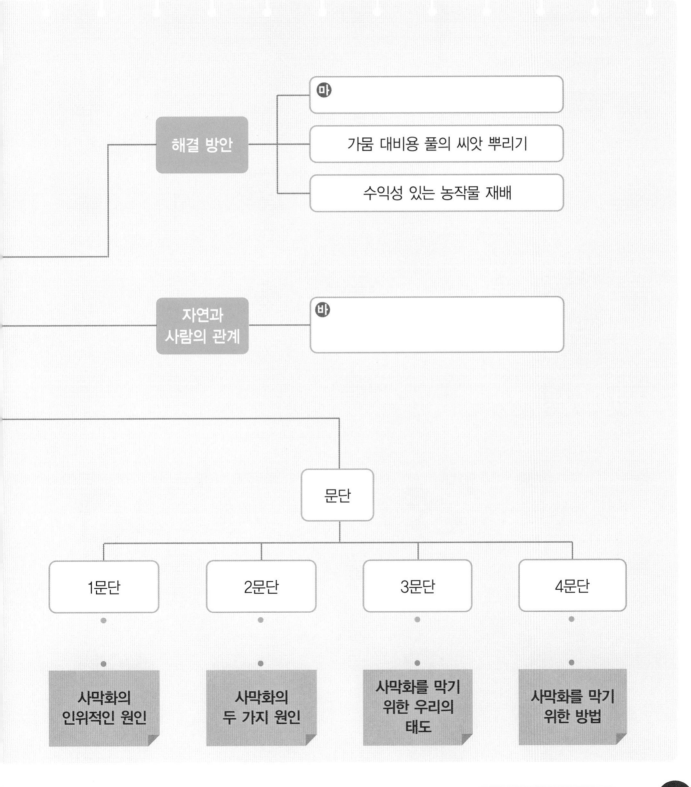

해결 방안

㉑
가뭄 대비용 풀의 씨앗 뿌리기
수익성 있는 농작물 재배

자연과 사람의 관계

㉒

문단

1문단　　　2문단　　　3문단　　　4문단

사막화의 인위적인 원인

사막화의 두 가지 원인

사막화를 막기 위한 우리의 태도

사막화를 막기 위한 방법

1 다음은 앞에서 읽은 글에서 제기한 문제와 주장을 정리한 것입니다. 글쓴이가 내세운 주장을 적고, 문제에 대한 원인과 해결 방안으로 바르지 <u>못한</u> 것을 골라 ∨표 해 보세요.

문제 제기	지구의 사막화가 날로 빨라지고 있다.	
주장	㉮	
원인	① 화학 비료를 사용하여 농사를 짓기 때문이다.	☐
	② 인구 증가로 오랜 가뭄이 계속되기 때문이다.	☐
	③ 사람들에 의해 땅과 산림이 훼손되기 때문이다.	☐
해결 방안	④ 나무를 심고, 가뭄 대비용 풀의 씨앗을 뿌려야 한다.	☐
	⑤ 수익성 있는 농작물을 재배하여 식량 문제도 함께 해결한다.	☐

2 다음은 앞의 글을 읽은 친구들의 대화입니다. 가장 타당하지 <u>못한</u> 의견을 내고 있는 친구는 누구인가요?

① 지구의 사막화를 막기 위해 모든 나라가 힘을 합해야 한다고 생각해.

② 지구의 사막화는 사람들에 의한 자연 파괴 때문에 발생하는 것이 가장 크구나.

③ 파괴된 자연일지라도 노력하면 완벽하게 복구될 수 있으니 너무 걱정하지 않아도 돼.

④ 자연이 파괴되면 사람도 그 영향을 받게 되니까 자연을 보호해야 해.

오늘 읽어 볼 글입니다. 차근차근 잘 읽고, 문제를 풀어 보세요.

　　　　이 몸이 죽어 가서 무엇이 될꼬 하니
　　　　봉래산 제일봉에 낙락장송 되얏다가
　　　　백설이 만건곤할 제 독야청청하리라.

　이 시조는 곧은 충성심으로 절개를 지키다가 처참하게 죽임을 당한 사육신 가운데 한 사람인 성삼문이 쓴 시조예요. 이 시조를 지금의 말로 바꾸면 다음과 같아요.

　　　　이 몸이 죽어서 무엇이 될까 하니
　　　　봉래산 가장 높은 봉우리에 푸른 소나무 되어서
　　　　온 세상이 흰 눈에 덮여 있을 때 혼자 푸르게 살아 있으리라.

　'봉래산'은 신선이 산다는 동쪽의 산 또는 여름철 금강산을 말해요. 또한, '낙락장송'은 가지가 축 늘어진 큰 소나무로 자신의 굳은 절의를 나타낸 것이에요. '백설이 만건곤할 제'는 추위에 모든 풀과 나무가 시들어 버렸을 때를 뜻하는데 이는 곧 자신이 임금이 되고자 조카인 단종을 폐위시킨 세조를 섬기는 세상을 뜻하기도 해요. '독야청청하리라.'는 모두가 세조를 섬기는 세상이 되더라도 자신만은 푸른 소나무처럼 단종만을 받들겠다는 마음을 표현하고 있어요.

❶ **폐위** : 왕이나 왕비 등의 지위에서 몰아냄

다음은 앞에서 읽은 글의 내용을 한눈에 볼 수 있도록 정리한 글밥지도입니다. **보기** 에서 알맞은 말을 골라 빈칸을 채워 보세요. 그리고 알맞은 각 장의 내용과 주제를 찾아 선으로 연결해 보세요.

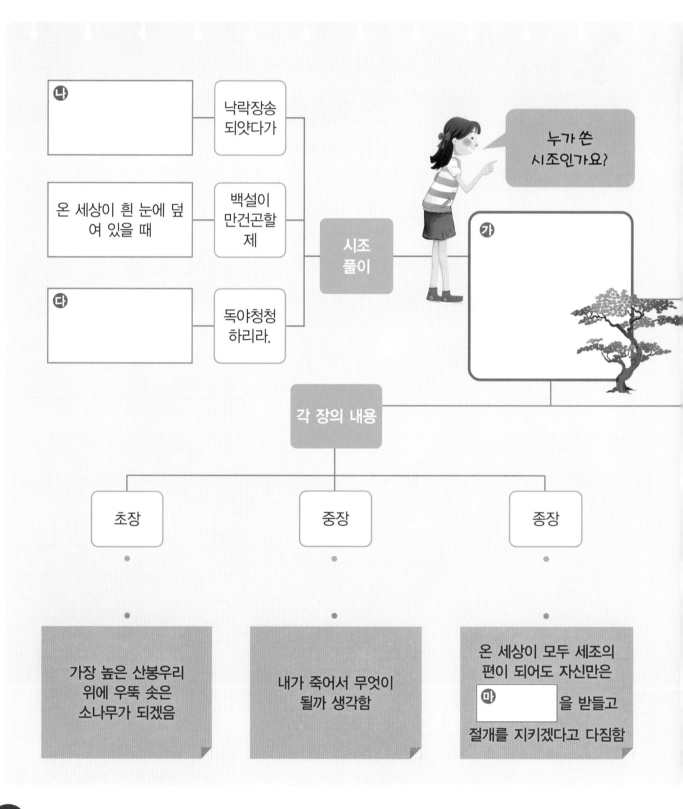

나

낙락장송 되얏다가

온 세상이 흰 눈에 덮여 있을 때

백설이 만건곤할 제

다

독야청청 하리라.

시조 풀이

누가 쓴 시조인가요?

가

각 장의 내용

초장

중장

종장

가장 높은 산봉우리 위에 우뚝 솟은 소나무가 되겠음

내가 죽어서 무엇이 될까 생각함

온 세상이 모두 세조의 편이 되어도 자신만은 **마** 을 받들고 절개를 지키겠다고 다짐함

보기

① 굳은 절의
② 단종
③ 성삼문
④ 푸른 소나무 되어서
⑤ 혼자 푸르게 살아 있으리라.
⑥ 낙락장송
⑦ 세조
⑧ 시조의 운율

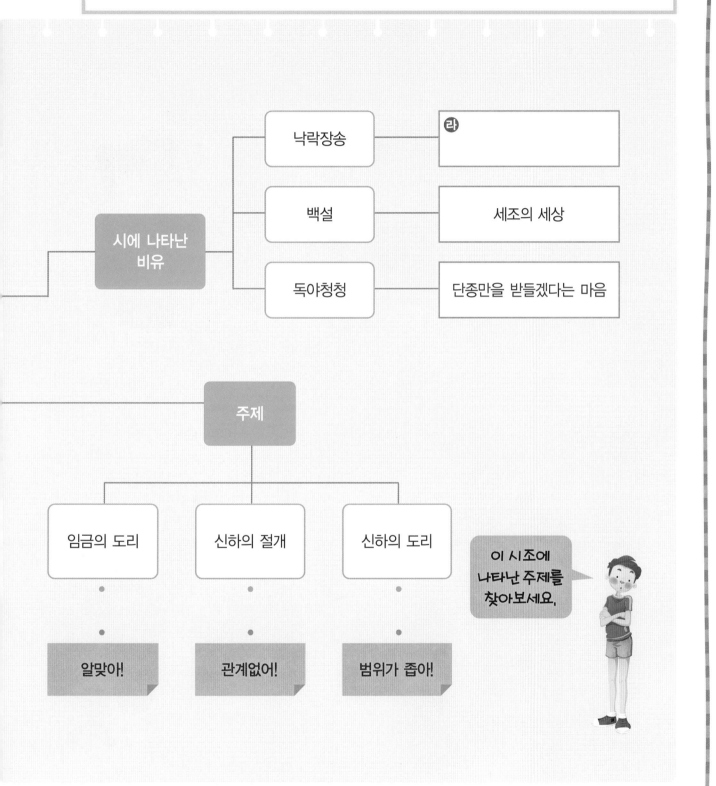

시에 나타난 비유

낙락장송 — 라

백설 — 세조의 세상

독야청청 — 단종만을 받들겠다는 마음

주제

임금의 도리 · · 알맞아!

신하의 절개 · · 관계없어!

신하의 도리 · · 범위가 좁아!

이 시조에 나타난 주제를 찾아보세요.

1 친구들이 신하 성삼문이 임금 단종에게 바치는 시조에 대한 감상을 이야기하고 있습니다. 시조를 읽은 감상을 가장 알맞게 이야기한 사람은 누구인지 찾아 ○표 해 보세요.

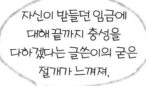

자신이 받들던 임금에 대해 끝까지 충성을 다하겠다는 글쓴이의 굳은 절개가 느껴져.

동환

글쓴이는 자신 입장만 내세우고 고집이 너무 센 것 같아.

재국

신하라면 어떤 임금이든지 충성을 다해서 모셔야 된다고 생각해.

세현

2 다음은 앞의 글을 읽은 친구들의 대화입니다. 가장 타당하지 <u>못한</u> 의견을 내고 있는 친구는 누구인가요?

① '백설'과 '독야청청'의 이미지가 대조적으로 느껴져.

② 이 시조의 주제는 종장에 나타나 있어.

③ 여러 가지 흉내 내는 말을 되풀이해서 사용하여 생동감이 느껴져.

④ 산 정상에 홀로 서 있는 푸른 소나무의 모습이 떠오르는 시조야.

오늘 읽어 볼 글입니다. 차근차근 잘 읽고, 문제를 풀어 보세요.

어느 날, 벌이 여러 동물들을 모아 놓고 말했어요.

"하느님은 사람의 생김새와 마음을 하느님과 닮게 만들었대. 그런데 시간이 흐르면서 하느님과 사람은 점점 멀어졌어. 그러더니 요즘 들어 사람들은 서로 싸우고, 남의 재산이나 땅도 빼앗아. 그 나쁜 마음을 어떻게 하면 좋을까?"

벌은 도저히 흥분을 가라앉힐 수 없는지 한 번 붕 날아올라 한 바퀴 돌고는 다시 제자리에 앉았어요.

"그런데 그런 사람들이 우리 벌들을 독한 사람에 비유하면서 '구밀복검'이라는 표현을 하고 있어. 말은 입에 꿀을 머금은 듯 달게 하면서, 마음속에는 칼처럼 나쁜 생각을 품고 있다고 말이야. 하지만 우리는 남을 꼬이려고 입에 꿀을 물고 있는 게 아니거든. 꿀은 우리 양식이고, 우리 배에 있는 침도 남이 우리를 해치려고 할 때 어쩔 수 없이 쓰는 거야. 우리가 달콤한 꿀을 물고 있으니, 우리를 노리는 자들이 얼마나 많겠어? 그러니까 칼처럼 날카로운 침이라도 품고 있어야지. 그런데 사람의 입은 어때? 꿀처럼 달 때도 있고, 고추같이 매울 때도 있고, 칼같이 날카로울 때도 있고, 독약같이 독할 때도 있어. 서로 얼굴을 마주할 때에는 꿀을 붓는 것처럼 달콤하게 말하면서도, 돌아서면 흉보고 욕하고 악담①을 하잖아. 게다가 조금이라도 마음에 안 드는 일이 생기면 금방 화를 내잖아. 얘들아, 우리 동물들 가운데 그렇게 나쁜 마음을 가진 동물이 있니?"

"아니!"

숲 속은 동물들의 함성 소리로 시끌벅적했어요.

① **악담** : 남을 비방하거나, 잘되지 못하도록 저주하는 말

 글밥지도 그리기

다음은 앞에서 읽은 글의 내용을 한눈에 볼 수 있도록 정리한 글밥지도입니다. 보기 에서 알맞은 말을 골라 빈칸을 채워 보세요. 그리고 글에 알맞은 제목과 글의 짜임 을 찾아 선으로 연결해 보세요.

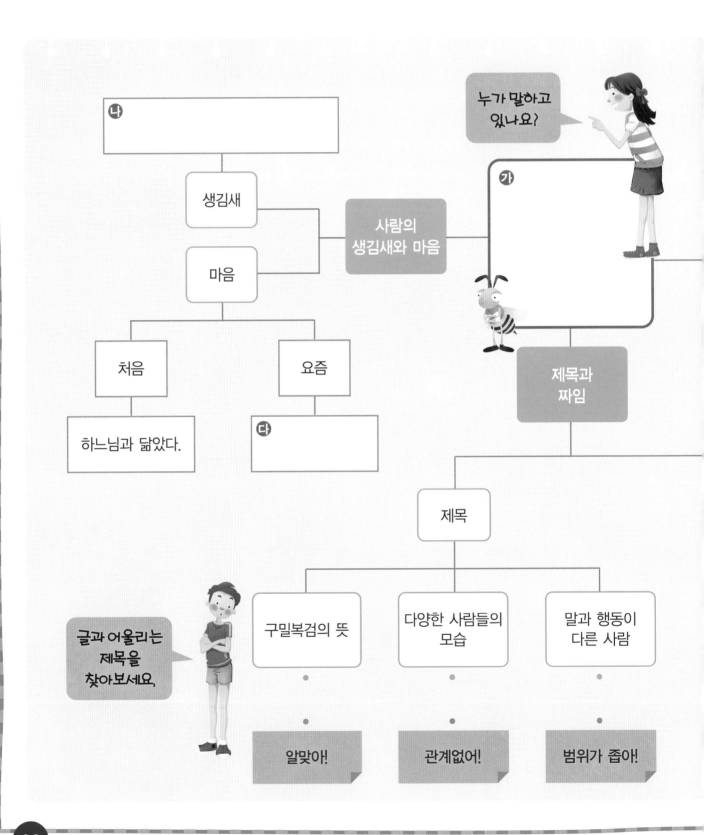

누가 말하고 있나요?

나

생김새

마음

사람의 생김새와 마음

가

처음

요즘

하느님과 닮았다.

다

제목과 짜임

제목

글과 어울리는 제목을 찾아보세요.

구밀복검의 뜻

다양한 사람들의 모습

말과 행동이 다른 사람

알맞아!

관계없어!

범위가 좁아!

❶ 하느님과 닮았다.　　　❷ 벌　　　　　　　❸ 나쁘게 변했다.

❹ 보호 수단　　　　　　　❺ 독약같이 독함　　　❻ 착하고 너그러워졌다.

❼ 마음　　　　　　　　　❽ 양식

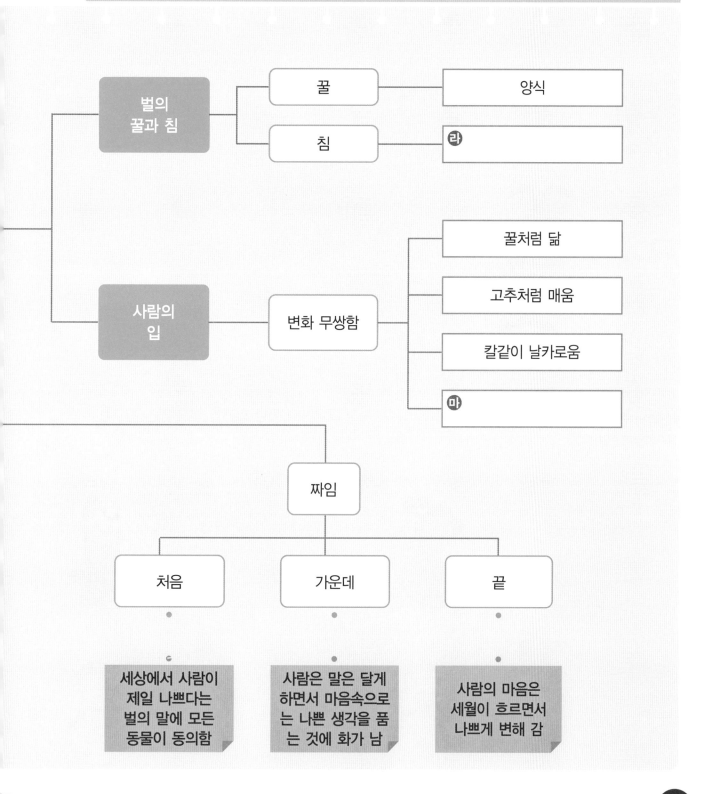

벌의
꿀과 침

꿀 ─── 양식

침 ─── 라

사람의
입 ─── 변화 무쌍함 ─── 꿀처럼 닮

고추처럼 매움

칼같이 날카로움

마

짜임

처음　　　가운데　　　끝

세상에서 사람이
제일 나쁘다는
벌의 말에 모든
동물이 동의함

사람은 말은 달게
하면서 마음속으로
는 나쁜 생각을 품
는 것에 화가 남

사람의 마음은
세월이 흐르면서
나쁘게 변해 감

1 앞에서 읽은 글에서 벌이 말하고 있는 '구밀복검'의 뜻을 말풍선 안에 쓰고, 이 말과 같은 뜻을 담고 있는 알맞은 말을 골라 ○표 해 보세요.

겉 다르고 속 다르다.	☐
천 리 길도 한 걸음부터	☐
돌다리도 두들겨 보고 건너다.	☐
바람 앞의 등불	☐

2 다음은 앞의 글을 읽은 친구들의 대화입니다. 가장 타당하지 <u>못한</u> 의견을 내고 있는 친구는 누구 누구인가요?

① 사람은 생각의 자유가 있어. 마음속으로 어떤 생각을 하든 그것은 생각하는 사람의 자유라고 생각해.

② 말과 행동을 한결같이 해야겠다는 생각이 들게 하는 글이야.

③ 사람들이 좀 더 순수해지고 다른 사람들을 배려하는 마음이 생겼으면 좋겠다는 생각이 들어.

④ 진실하지 못한 사람을 꼬집는 것 같아.

오늘 읽어 볼 글입니다. 차근차근 잘 읽고, 문제를 풀어 보세요.

한 번 사면 10년 쓸 매트! *띠끈 온열매트*로 사세요!

사용하는 순간 건강해지는, 모든 소비자들이 100퍼센트 만족하는 제품

• 절전형 난방

절전형 난방으로 전기료의 50퍼센트를 아끼는 효과를 보실 수 있습니다.

하루 8시간 한 달 내내 펑펑 써도 전기료는 3,000원 미만

• 자동 온도 조절 장치

컴퓨터 칩에 의한 자동 온도 조절 장치로 온도가 높아지면 꺼지고,

낮아지면 올라가는 똑똑한 조절기(15시간 이상 사용 시 전원 차단)

• 건강에 좋은 옥돌이 촘촘히!

포근 온열 매트보다 훨씬 촘촘한 옥돌이 온몸을

지압하여, 혈액 순환을 촉진시켜

건강을 지켜 줍니다.

 **글밥지도 그리기** 다음은 앞에서 읽은 글의 내용을 한눈에 볼 수 있도록 정리한 글밥지도입니다. 보기 에서 알맞은 말을 골라 빈칸을 채워 보세요. 그리고 글에 알맞은 광고의 목적과 광고에서 사용된 표현들을 찾아 선으로 연결해 보세요.

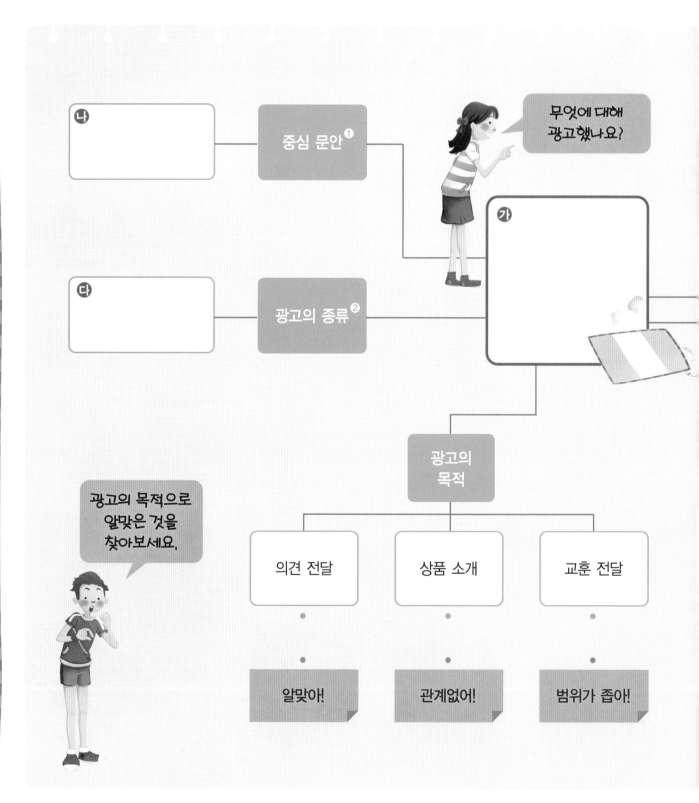

나

중심 문안 ①

무엇에 대해 광고했나요?

가

다

광고의 종류 ②

광고의 목적으로 알맞은 것을 찾아보세요.

광고의 목적

의견 전달 상품 소개 교훈 전달

알맞아! 관계없어! 범위가 좁아!

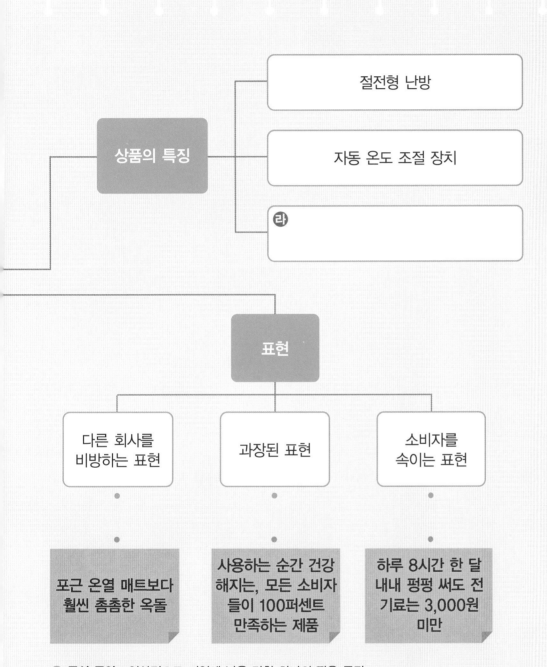

상품의 특징

- 절전형 난방
- 자동 온도 조절 장치
- **라**

표현

- 다른 회사를 비방하는 표현
- 과장된 표현
- 소비자를 속이는 표현

- 포근 온열 매트보다 훨씬 촘촘한 옥돌
- 사용하는 순간 건강해지는, 모든 소비자들이 100퍼센트 만족하는 제품
- 하루 8시간 한 달 내내 펑펑 써도 전기료는 3,000원 미만

❶ **중심 문안** : 인상적으로 기억에 남을 만한 하나의 짧은 문장

❷ **광고의 종류** : ① 상업 광고 – 상품의 특징과 좋은 점을 알리기 위한 광고

② 기업 광고 – 기업에 대한 좋은 인상을 심어 주기 위한 광고

③ 공익 광고 – 기업이나 단체가 공공의 이익을 목적으로 하는 광고

1 다음은 앞에서 읽은 광고하는 글의 특징을 정리한 것입니다. 광고하는 글의 특징을 나타내는 알맞은 말을 모두 찾아 ○표 해 보세요.

인상적이에요.	진실해요.	간결해요.

길고 복잡해요.	감동적이에요.	흥미를 끌어요.

2 다음은 앞의 글을 읽은 친구들의 대화입니다. 가장 타당한 의견을 내고 있는 친구는 누구인가요?

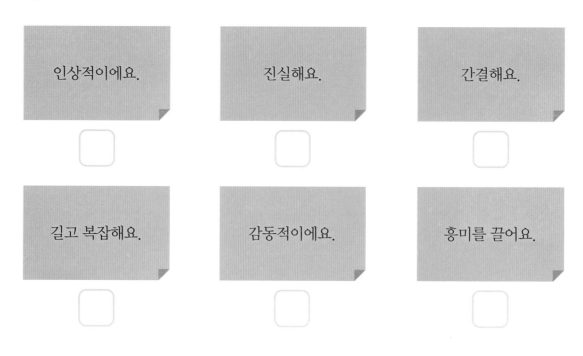

① 내용이 솔직하고 믿을 만한 것 같아.

② 상품에 대해 정확한 정보를 주고 있어서 많은 도움이 되었어.

③ 과장되거나 잘못된 내용이 있는 것 같아 주의 깊게 살피며 읽어야 할 것 같아.

④ 상품의 장점뿐만 아니라 단점도 잘 나타나 있어서 상품을 선택할 때 많은 도움이 될 거야.

오늘 읽어 볼 글입니다. 차근차근 잘 읽고, 문제를 풀어 보세요.

　한식은 예로부터 설날, 단오, 추석과 함께 4대 명절의 하나로, 동지로부터 105일째 되는 날로 한식은 불을 쓰지 않고 찬밥을 먹는 날이기도 하다.

　'한식'의 '한(寒)' 자는 차갑다는 뜻이고, '식(食)' 자는 먹는다는 뜻으로, 한식은 '찬 음식을 먹는 날'이라는 뜻도 가지고 있다.

　한식은 중국 진나라 때부터 전해 내려오는 개자추 전설에서 그 유래를 찾을 수 있다. 중국 진나라의 문공에게는 개자추라는 충성스러운 신하가 있었다. 어느 날, 문공이 적들에게 쫓기는 처지라 밥을 먹을 수 없어 굶어 죽을 지경이 되었다. 이때 개자추는 자신의 넓적다리를 베어 문공에게 주었다. 하지만 훗날 왕이 된 문공은 개자추의 은혜를 까맣게 잊고, 아무런 벼슬도 내려 주지 않았다. 개자추는 크게 실망하였고 결국 산에 들어가 숨어 살게 되었다. 오랜 세월이 지난 뒤 자신의 잘못을 깨달은 문공이 개자추를 불렀지만, 개자추는 산에서 내려오지 않았다. 왕은 개자추를 산에서 내려오게 하려고 산에 불을 질렀는데, 그는 끝내 나오지 않고, 타 죽고 말았다. 그 뒤, 사람들은 개자추의 넋을 위로하기 위해서 불을 피우지 않고, 찬 음식을 먹는 풍속이 생겨났다고 한다.

　한식에는 술, 과일, 포, 식혜, 떡, 탕, 적 같은 음식을 만들어 조상의 묘를 찾아 돌보고, 제사를 지낸다. 이날은 일 년 가운데 나무를 심거나 씨를 뿌리기에 가장 알맞아 농가에서는 농작물의 씨를 뿌리는 등 본격적인 농사 준비를 하였다. 조선 시대에는 임금을 호위하는 일을 하던 내병조의 신하들이 버드나무를 뚫고 줄을 꿰어 톱질하듯 잡아당겨 불을 피워 임금에게 올렸다. 그러면, 임금은 그 불씨를 궁 안에 있는 모든 관청과 대신들 집에 나누어 주었다.

다음은 앞에서 읽은 글의 내용을 한눈에 볼 수 있도록 정리한 글밥지도입니다. 보기 에서 알맞은 말을 골라 빈칸을 채워 보세요. 그리고 글에 알맞은 제목과 각 문단의 내용을 찾아 선으로 연결해 보세요.

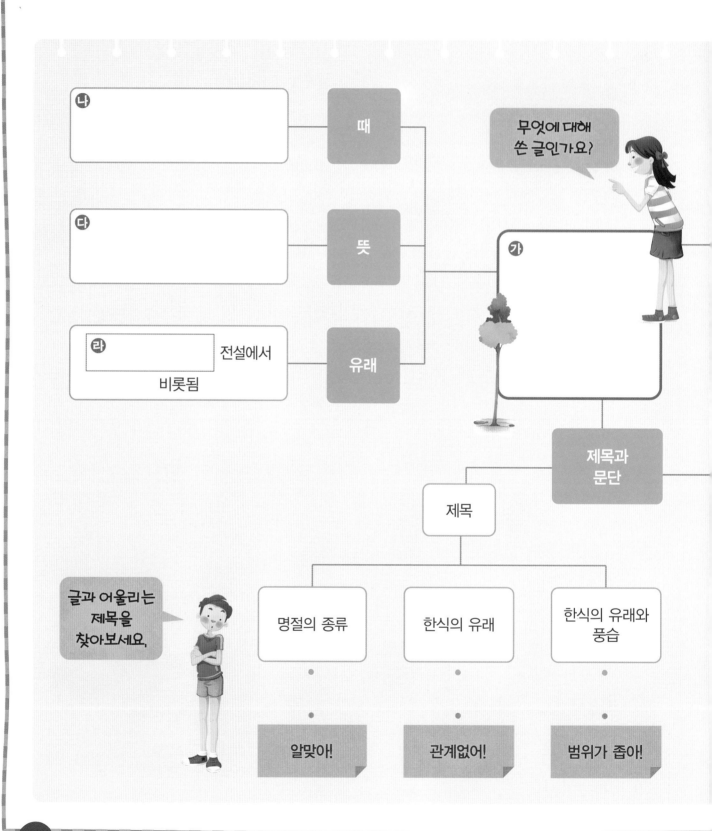

나

다

라   전설에서
      비롯됨

때

뜻

유래

무엇에 대해
쓴 글인가요?

가

제목과
문단

제목

글과 어울리는
제목을
찾아보세요.

명절의 종류

한식의 유래

한식의 유래와
풍습

알맞아!

관계없어!

범위가 좁아!

보기
① 청명　　　　　　② 한식　　　　　　③ 개자추
④ 농사 준비를 함　　⑤ 춤을 춤　　　　⑥ 찬 음식을 먹는 날
⑦ 동지로부터 105일째 되는 날　　⑧ 조상의 묘를 찾아 돌보고

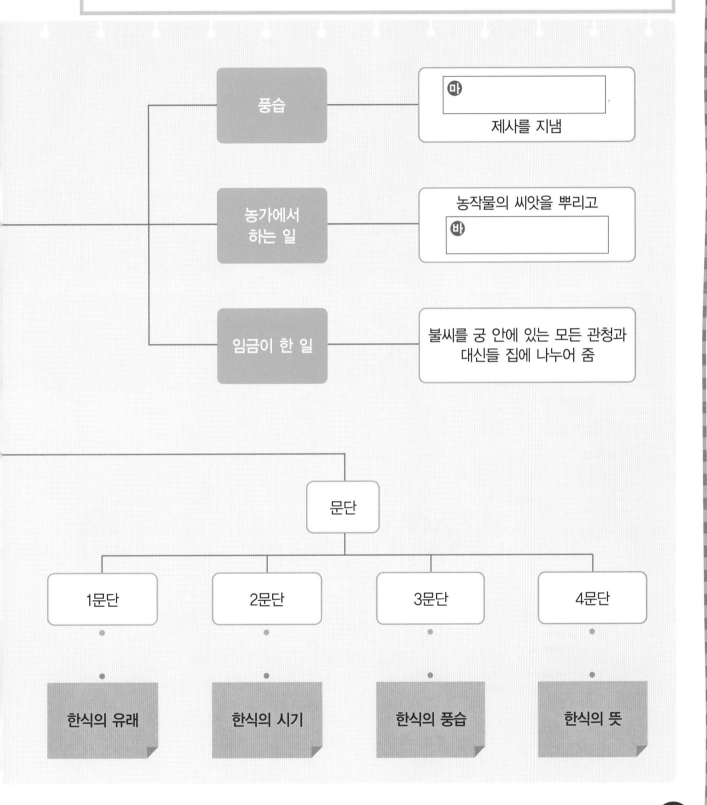

풍습 — ㉮ 제사를 지냄

농가에서 하는 일 — 농작물의 씨앗을 뿌리고 ㉯

임금이 한 일 — 불씨를 궁 안에 있는 모든 관청과 대신들 집에 나누어 줌

문단

1문단 — 한식의 유래

2문단 — 한식의 시기

3문단 — 한식의 풍습

4문단 — 한식의 뜻

1 다음은 앞에서 읽은 한식의 풍습을 정리한 것입니다. 이 가운데 '개자추 전설' 과 관련이 있는 것을 골라 번호로 답해 보세요.

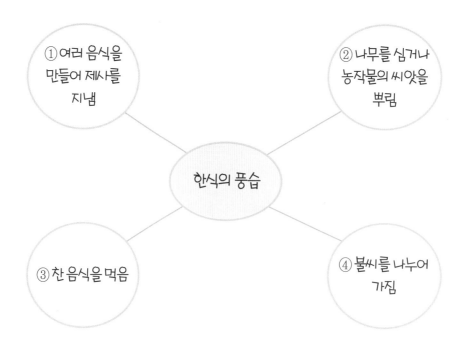

① 여러 음식을 만들어 제사를 지냄

② 나무를 심거나 농작물의 씨앗을 뿌림

한식의 풍습

③ 찬 음식을 먹음

④ 불씨를 나누어 가짐

2 다음은 앞의 글을 읽은 친구들의 대화입니다. 가장 타당하지 <u>못한</u> 의견을 내고 있는 친구는 누구 인가요?

① 명절은 모두 비슷한 의미를 담고 있는 것 같아.

② 개자추의 전설을 통해서 은혜를 입으면 잊지 말아야겠다는 생각을 하였어.

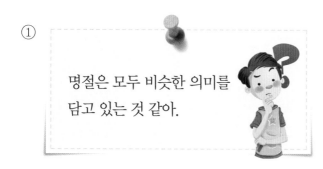

③ 임금이 불을 나누어 주었다니 옛날에는 불을 귀하게 생각한 것 같아.

④ 명절마다 특별한 행사를 하거나 특별한 음식을 먹는 것 같아.

오늘 읽어 볼 글입니다. 차근차근 잘 읽고, 문제를 풀어 보세요.

㉮ 텔레비전이나 잡지, 길거리의 간판 등 여러 곳에서 외국어를 자주 접하게 된다. 어떤 사람들은 외국어를 쓰면 안 된다고 하지만, 나는 그렇게 생각하지 않는다.

지금은 국제화 시대이고, 더욱이 영어는 세계 공용어이다. 우리나라를 찾는 외국인들과 원활한 의사소통을 위해서라도 외국어나 외래어를 자연스럽게 사용하는 것이 좋다고 생각한다.

두 번째, 우리말로 표현하면 어색하거나 촌스러운 말이 외국어로 표현하면 세련되고 멋있게 느껴지는데, 이런 것은 굳이 우리말로 표현할 필요가 없다고 생각한다.

세 번째, 외국어를 자주 사용하다 보면 외국어를 더 잘하기 위해 외국어 공부를 열심히 하려고 노력하기 때문에 외국어 실력이 좋아지게 된다.

㉯ 길거리의 간판을 보면 순수하게 우리말로 꾸며진 간판을 거의 볼 수 없다. 가게의 종류에 따라 외국어를 꼭 써야 할 때도 있겠지만, 그렇지 않은 가게도 한글 간판보다는 영어 간판이나 외국어 간판을 쓸 때가 많다. 나는 함부로 외국어를 사용하는 것은 좋지 않다고 생각한다.

불필요하게 외국어를 사용한다면 민족 문화와 정신의 바탕이 되는 우리말은 점점 밀려나 언젠가 사라지고 말 것이기 때문이다. 그러므로 외국어는 꼭 필요할 때에만 사용해야 한다고 생각한다.

두 번째, 언어도 경제적인 가치가 충분히 있기 때문이다. 한글의 글꼴은 예술적으로도 아름다워 각종 디자인 요소로 활용되어 세계 시장에 우리나라를 알리고 있다.

세 번째, 최근 찌아찌아족의 한글 사용이 큰 화제가 되고 있다. 다른 나라에서도 인정한 과학적이고, 실용적인 우리말과 글을 사랑하고 아끼는 것도 우리나라의 힘을 키우는 방법이 될 수 있다.

글밥지도
그리기

다음은 앞에서 읽은 글의 내용을 한눈에 볼 수 있도록 정리한 글밥지도입니다. 보기에서 알맞은 말을 골라 빈칸을 채워 보세요. 그리고 글에 알맞은 제목을 찾아 선으로 연결해 보세요.

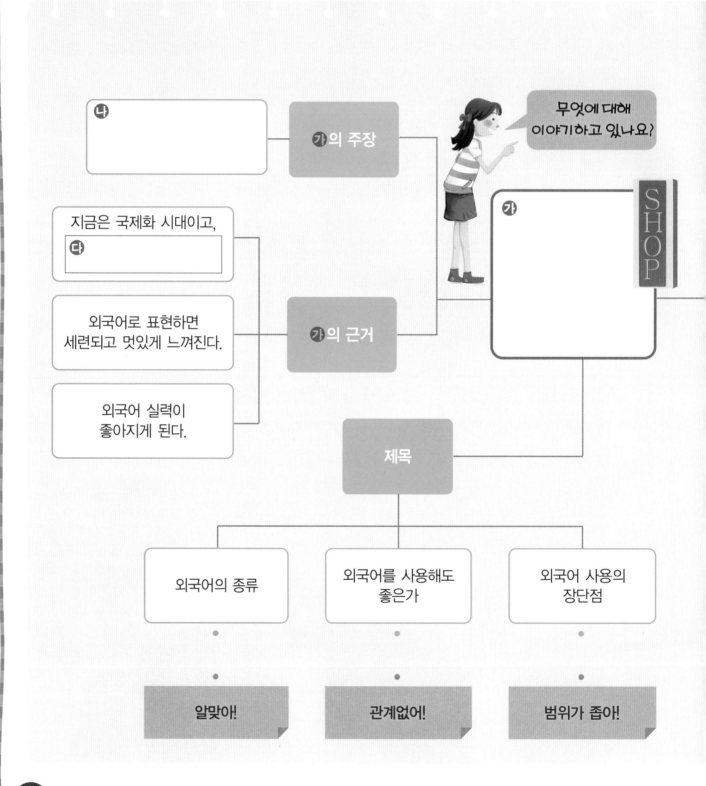

나

가 의 주장

무엇에 대해
이야기하고 있나요?

가

SHOP

지금은 국제화 시대이고,
다

외국어로 표현하면
세련되고 멋있게 느껴진다.

가 의 근거

외국어 실력이
좋아지게 된다.

제목

외국어의 종류

외국어를 사용해도
좋은가

외국어 사용의
장단점

알맞아!

관계없어!

범위가 좁아!

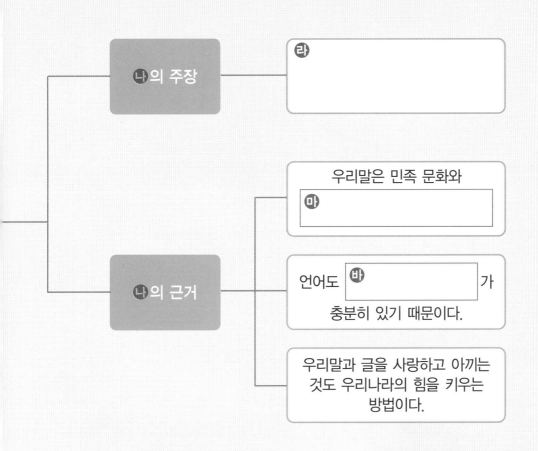

나의 주장

라

우리말은 민족 문화와
마

나의 근거

언어도 바　　　　　　가
충분히 있기 때문이다.

우리말과 글을 사랑하고 아끼는
것도 우리나라의 힘을 키우는
방법이다.

가와 나는 같은 주제에
대해 서로 다른 주장과
그에 대한 적절한 근거를
이야기하고 있어요.

1 다음은 우리의 일상생활에서 흔히 쓰는 외국어와 외래어입니다. 보기에서 바꾸어 쓸 수 있는 우리말을 찾아 써 보세요.

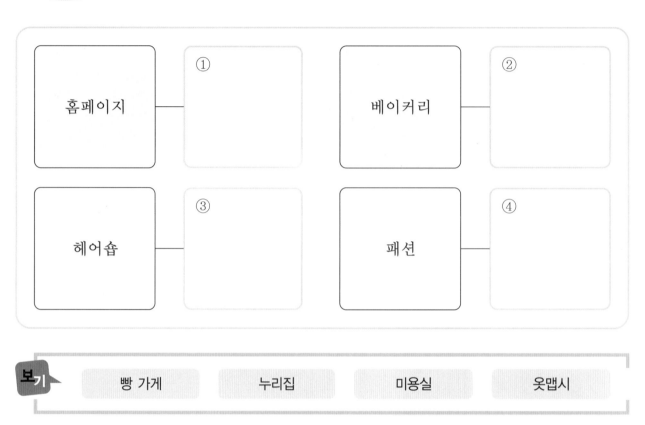

| 홈페이지 | ① | 베이커리 | ② |
| 헤어숍 | ③ | 패션 | ④ |

보기

빵 가게　　　　누리집　　　　미용실　　　　옷맵시

2 다음은 앞의 글을 읽은 친구들의 대화입니다. 가장 타당한 의견을 내고 있는 친구는 누구인가요?

① 외국어를 무조건 쓰지 않는 것이 우리말을 발전시키는 가장 좋은 방법이야.

② 우리말로 바꾸어 쓸 수 있는 외국어는 우리말로 바꾸어 쓰면 좋겠어.

③ 외국어를 쓰고 싶은 사람은 외국어를 쓰고, 우리말을 쓰고 싶은 사람은 우리말을 쓰면 돼.

④ 여러 나라 사람들이 쓰는 말을 사용하는 것이 우리 나라의 힘을 키우는 데 도움이 된다고 생각해.

꼼꼼히 집중하여 읽기

글의 갈래	**기사문**
걸린 시간	분 초

 오늘 읽어 볼 글입니다. 차근차근 잘 읽고, 문제를 풀어 보세요.

학교 폭력 어머니가 막는다

내 아이는 내가 지킨다는 사명감으로 나선 어머니들 책임감과 보람 느껴

경기도 ○○시에 어머니 순찰대가 생겼다. '학교 폭력으로부터 어린이들을 직접 지킨다.'는 취지로 생긴 어머니 단체 '지킴이 맘'은 23일 ○○문화원에서 마을 주민들과 학생들의 성원을 받으며 발대식을 가졌다.

이날 발대식에는 단체장과 회원 등 100여 명이 참석한 가운데 임명장 수여와 활동 계획 발표가 있었다. '지킴이 맘' 소속 어머니들은 앞으로 등·하교 시간에 마을 초등학교 주변을 돌아보면서 학교 폭력과 청소년 비행을 예방하게 된다.

'지킴이 맘'에 소속된 한 어머니는 "경찰의 힘만으로 학교 폭력을 예방하는 것은 한계가 있어 우리가 직접 나섰다."며 "앞으로 회원을 더욱 늘려 학교뿐만 아니라 학교 주변 문방구, 동네 놀이터와 오락실 등 학생들이 탈선하기 쉬운 장소도 돌아 볼 예정이다."라고 말했다.

이날 마을 주민과 학부모, 학생들은 마음 놓고 자유롭게 학교 주변에서 활동할 수 있게 되었다며 기쁨을 함께 나누었다. '지킴이 맘'의 활발한 활동을 기대하며 다 같이 응원하는 마음으로 행사를 지켜보았다.

지킴이 맘 발대식

❶ **발대식** : 단체가 만들어져 그 활동을 시작하는 공식적인 모임

❷ **탈선** : 말이나 행동 따위가 나쁜 방향으로 빗나감

글밥지도 그리기

다음은 앞에서 읽은 글의 내용을 한눈에 볼 수 있도록 정리한 글밥지도입니다. 보기 에서 알맞은 말을 골라 빈칸을 채워 보세요. 그리고 글에 알맞은 본문의 내용을 찾아 선으로 연결해 보세요.

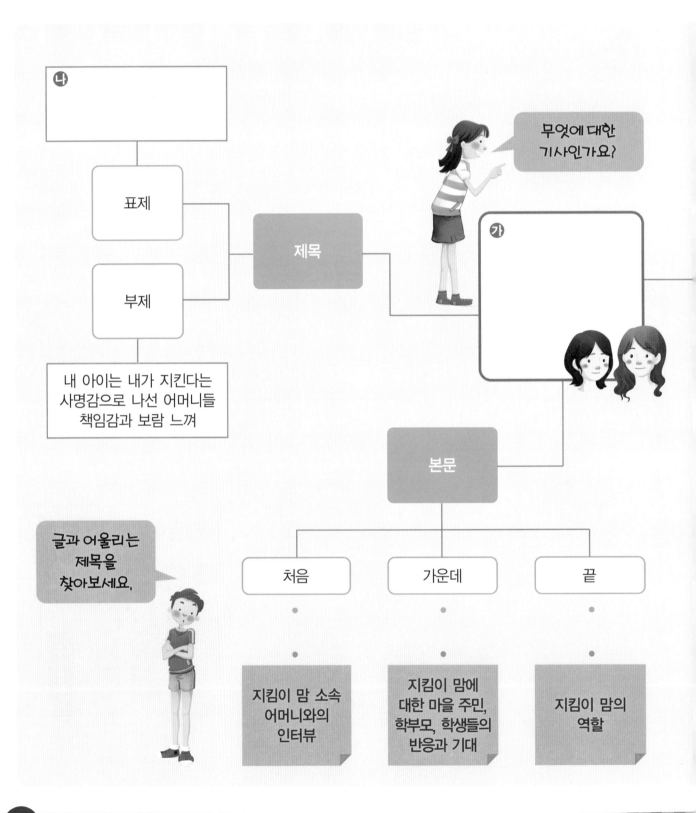

나

표제

부제

내 아이는 내가 지킨다는
사명감으로 나선 어머니들
책임감과 보람 느껴

글과 어울리는
제목을
찾아보세요.

무엇에 대한
기사인가요?

가

제목

본문

처음

가운데

끝

지킴이 맘 소속
어머니와의
인터뷰

지킴이 맘에
대한 마을 주민,
학부모, 학생들의
반응과 기대

지킴이 맘의
역할

보기

① 마을 주민들이　　② 초등학교 주변을　　③ 지킴이 맘이

④ ○○문화원에서　　⑤ 지킴이 맘 발대식　　⑥ '지킴이 맘'의 활발한 활동을

⑦ 마을 주민들과 학생들의 성원을 받으며 가졌다.　　⑧ 학교 폭력 어머니가 막는다

전문

육하원칙에 해당하는
내용을 기사의
전문에서 찾아보세요.

누가	다
언제	23일
어디서	라
무엇을	발대식을
어떻게	마
왜	'학교 폭력으로부터 어린이들을 직접 지킨다.'는 취지로

1 다음은 앞에서 읽은 글을 짜임에 따라 정리한 것입니다. 빈칸에 들어갈 알맞은 말을 쓰고, 본문에 들어갈 내용으로 알맞지 <u>않은</u> 것을 골라 ∨표 하세요.

표제	학교 폭력 어머니가 막는다
부제	내 아이는 내가 지킨다는 사명감으로 나선 어머니들 책임감과 보람 느껴
전문	지킴이 맘이 23일 ○○문화원에서 '학교 폭력으로부터 어린이들을 직접 지킨다.'는 취지로 마을 주민들과 학생들의 성원을 받으며 **가** 을 가졌다.
본문	① '지킴이 맘' 소속 어머니들은 앞으로 등·하교 시간에 마을 초등학교 주변을 돌아보면서 학교 폭력과 청소년 비행을 예방하게 된다.
	② 경찰의 힘만으로 학교 폭력을 예방하는 것은 한계가 있어 어머니들이 직접 나섰다고 하였다.
	③ 학생들과 마을 주민들도 '지킴이 맘'에 함께 참여하기로 하였다.

2 다음은 앞의 글을 읽은 친구들의 대화입니다. 가장 타당하지 <u>못한</u> 의견을 내고 있는 친구는 누구인가요?

① 사실을 과장하지 않고 있는 그대로 나타내었어.

② 기사를 쓴 글쓴이의 생각과 의견이 잘 나타나 있어.

③ 어머니들이 직접 나서서 학교 폭력을 예방해 준다니 정말 든든할 것 같아.

④ 글씨의 크기와 모양에 변화를 주어 표제와 부제를 나타내었어.

오늘 읽어 볼 글입니다. 차근차근 잘 읽고, 문제를 풀어 보세요.

석굴암은 경상북도 경주시 토함산 동쪽에 있는 통일 신라 시대의 절이다. 석굴암은 신라 경덕왕 10년(751년)에 김대성이 처음 세우기 시작하여 혜공왕 10년(774년)에 완성하였다. 당시 상황으로 볼 때 부처에게 나라를 지켜 달라는 바람으로 석굴암을 지었던 것으로 추측된다.

석굴암은 화강암을 다듬어 돔^❶ 형식으로 짜 맞추어 쌓아 올려 그 위에 흙을 덮은 인공 석굴로, 예배와 공양^❷을 드리는 네모난 공간의 '전실'과 본존불을 모셔 놓은 둥근 모양의 '주실' 그리고 전실과 주실을 이어 주는 통로인 '비도'로 이루어져 있다. 석굴암 안에는 본존불을 비롯하여 보살상, 천부상, 제자상 등 많은 조각상들이 있는데, 이 조각상들 역시 당대 최고의 예술 작품으로 평가되고 있다.

석굴암은 우리 조상들의 불교관과 세계관을 담은 작품이다. 석굴암의 크기와 비율은 부처 중심이 아닌 참배자^❸의 귀와 눈의 각도, 참배자가 서는 위치 등을 고려하여 완벽한 인간 중심으로 부처를 참배하게 설계되고 만들어졌다. 또한 불상을 올려놓는 대의 크기를 기본으로 석굴 전체와 각 부분 간의 비례를 자연미의 원리에 따라 지어, 인간과 과학의 관계를 자연스럽게 조화시켰다.

이렇듯 석굴암은 건축, 수리, 기하학, 종교, 미술 등이 하나로 결합된 신라 불교 예술의 전성기에 이룩된 최고의 작품이다. 국보 제24호이면서 1995년에 세계 문화 유산으로 지정될 정도로 뛰어난 가치가 있다.

❶ **돔** : 구를 절반으로 나눈 모양으로 생긴 지붕

❷ **공양** : 불교에서 부처님에게 음식을 바치는 일 또는 그 음식

❸ **참배자** : 신이나 부처에게 절하는 사람

 글밥지도
그리기

다음은 앞에서 읽은 글의 내용을 한눈에 볼 수 있도록 정리한 글밥지도입니다. 보기
에서 알맞은 말을 골라 빈칸을 채워 보세요. 그리고 글에 알맞은 제목과 문단을 찾
아 선으로 연결해 보세요.

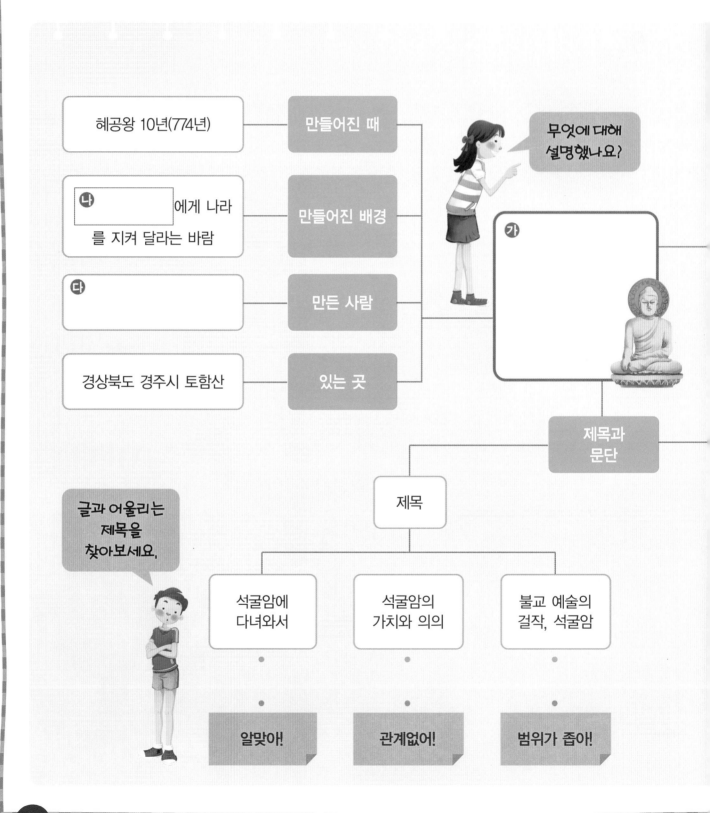

혜공왕 10년(774년) ─── 만들어진 때

나 ──에게 나라
를 지켜 달라는 바람 ─── 만들어진 배경

다 ─── 만든 사람

경상북도 경주시 토함산 ─── 있는 곳

무엇에 대해
설명했나요?

가

제목과
문단

제목

글과 어울리는
제목을
찾아보세요.

석굴암에
다녀와서

석굴암의
가치와 의의

불교 예술의
걸작, 석굴암

알맞아!

관계없어!

범위가 좁아!

106

보기

❶ 전실, 주실, 비도 ❷ 부처 ❸ 세계 문화 유산
❹ 석굴암 ❺ 석굴암 본존불 ❻ 김대성
❼ 인공 석굴 ❽ 인간과 과학의 관계를 자연스럽게 조화시킴

구조
- 라 ____ 로 이루어져 있음

특징과 가치
- 화강암으로 쌓은 마 ____
- 신라 불교 건축 예술의 최고 걸작
- 우리 조상들의 불교관과 세계관을 담은 작품
- 인간과 과학의 관계를 자연스럽게 조화시킴
- 국보 제24호 및 바 ____ 으로 지정됨

문단

1문단	2문단	3문단	4문단
석굴암의 특징 및 구조	석굴암이 만들어진 때와 까닭	석굴암의 가치 및 의의	석굴암에 담긴 조상들의 정신

1 다음은 앞에서 읽은 석굴암과 관련이 있는 말들을 정리한 것입니다. 석굴암과 관련이 있는 종교, 건축, 예술에 알맞은 말을 모두 골라 ○표 해 보세요.

종교	유교 ☐	불교 ☐	기독교 ☐
건축	석탑 ☐	인공 석굴 ☐	돔 형식 ☐
예술	상감법 ☐	세계 문화 유산 ☐	신 중심의 예술품 ☐

> 앞에서 살펴본 석굴암의 특징들을 하나하나 떠올려 봐.

2 다음은 앞의 글을 읽은 친구들의 대화입니다. 가장 타당하지 <u>못한</u> 의견을 내고 있는 친구는 누구인가요?

①
석굴암에 대해 자세히 알고 나니, 우리 문화 유산 대해 큰 자부심이 생겼어.

②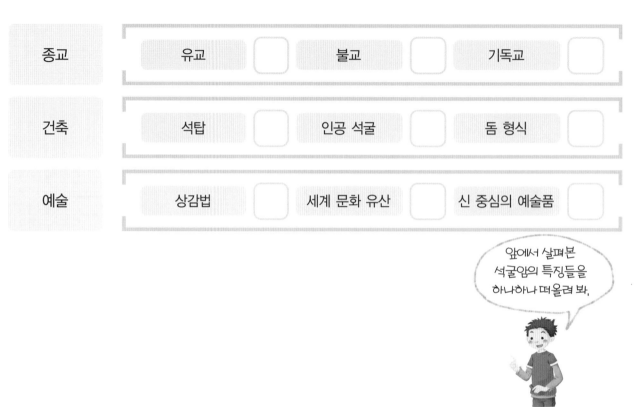
우리도 후손에게 좋은 문화를 남겨 주도록 노력해야겠다는 생각이 들었어.

③
어느 나라나 문화 유산은 다 있어. 우리 것만 좋다고 생각하는 것은 옳지 않아.

④
문화재를 통해 우리 조상들의 정신과 예술성을 엿볼 수 있어.

오늘 읽어 볼 글입니다. 차근차근 잘 읽고, 문제를 풀어 보세요.

장동우 : 지금부터 앉을 자리를 어떻게 정할 것인가에 대해 토의하도록 하겠습니다. 손을 들어 의견을 말씀해 주시기 바랍니다.

한소영 : 저는 앉고 싶은 친구와 앉았으면 좋겠습니다. 왜냐하면 좋아하는 친구와 앉으면 서로 도우며 즐겁게 공부할 수 있기 때문입니다.

이병호 : 저는 번호 차례대로 앉았으면 좋겠습니다. 왜냐하면 자리를 바꾸고 나면 항상 불만이 있는 사람이 생겨 교실이 시끄러운데, 번호 차례대로 앉으면 이러한 불만이 줄어들 것이기 때문입니다.

김민우 : 저는 키 차례대로 앉았으면 좋겠습니다. 이병호 학생의 의견처럼 번호 차례대로 앉으면, 저처럼 키는 작은데 뒷 번호인 사람은 항상 맨 뒷자리에 앉게 됩니다.

유선경 : 그냥 학교에 일찍 오는 차례대로 앉았으면 좋겠습니다.

장동우 : 의견을 말할 때에는 근거도 함께 말씀해 주시기 바랍니다. 다른 의견 있으면 말씀해 주시기 바랍니다.

이경호 : 저는 제비뽑기를 해서 자리를 정했으면 좋겠습니다. 왜냐하면 자기가 뽑은 자리이므로 불만이 없을 것이고, 친하지 않은 친구와도 앉게 되어 새로운 친구를 사귈 수 있기 때문입니다.

이영애 : 저는 김민우 학생의 의견에 동의합니다. 왜냐하면 키 큰 친구가 앞에 앉으면 뒤에 앉은 학생은 잘 보이지 않아 수업에 집중할 수 없기 때문입니다.

장동우 : 지금까지 앉을 자리를 어떻게 정할 것인가에 대해 토의하였습니다. 모두 다섯 가지 의견이 나왔습니다. 찬성하는 의견에 손을 들어 주시기 바랍니다. 가장 많은 득표수를 얻은 의견에 따라 자리를 정하도록 하겠습니다.

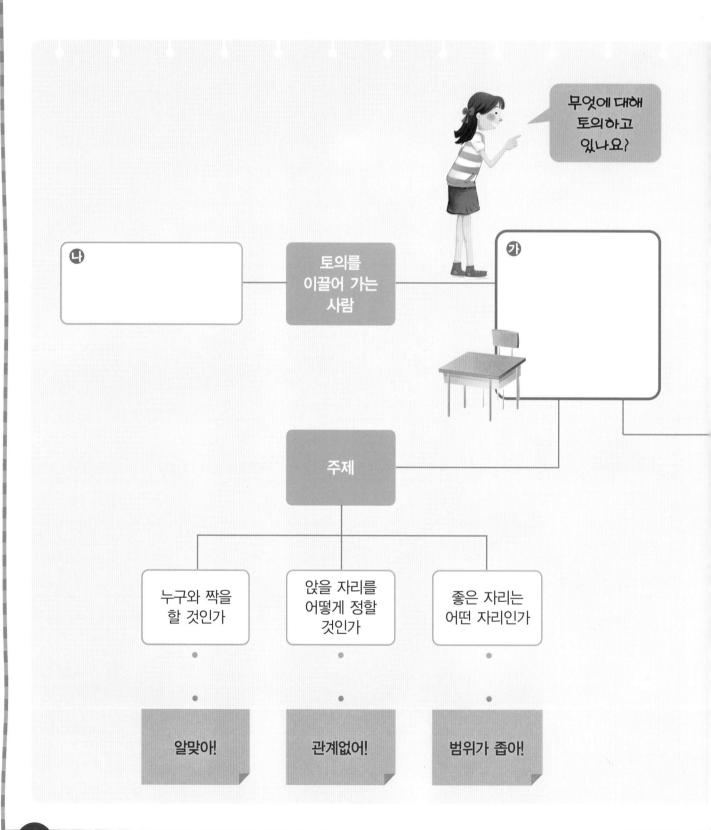

글밥지도 그리기

다음은 앞에서 읽은 글의 내용을 한눈에 볼 수 있도록 정리한 글밥지도입니다. 보기에서 알맞은 말을 골라 빈칸을 채워 보세요. 그리고 글에 알맞은 주제를 찾아 선으로 연결해 보세요.

무엇에 대해 토의하고 있나요?

나

토의를 이끌어 가는 사람

가

주제

누구와 짝을 할 것인가

앉을 자리를 어떻게 정할 것인가

좋은 자리는 어떤 자리인가

알맞아!

관계없어!

범위가 좁아!

보기

① 앉고 싶은 친구와 앉자. ② 앉을 자리를 정하는 방법 ③ 키 차례대로 앉자.

④ 키는 작은데 뒷 번호인 ⑤ 일찍 오는 순서대로 앉자. ⑥ 제비뽑기로 정하자.

⑦ 가위바위보로 정하자. ⑧ 장동우

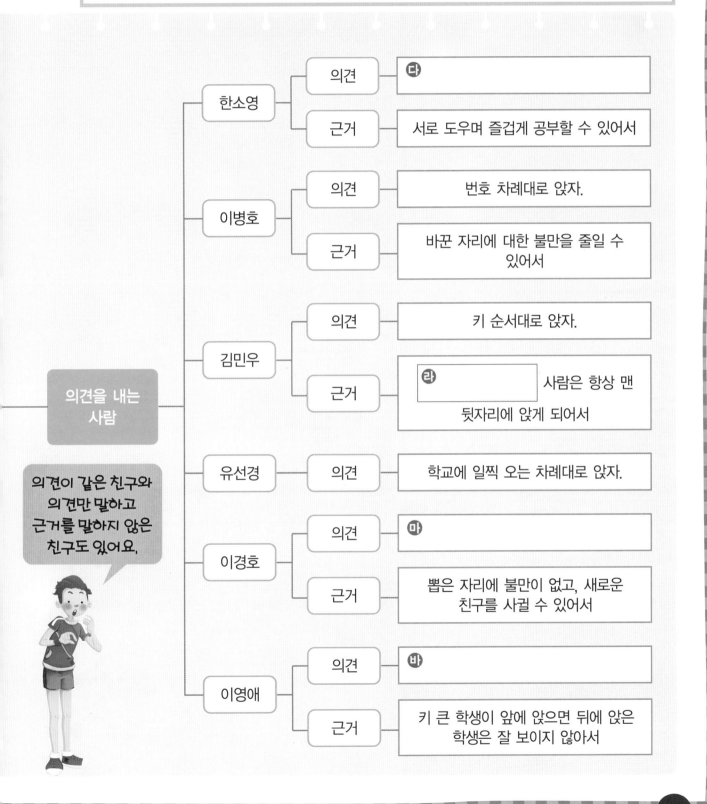

의견을 내는 사람

의견이 같은 친구와 의견만 말하고 근거를 말하지 않은 친구도 있어요.

한소영
- 의견 → 다
- 근거 → 서로 도우며 즐겁게 공부할 수 있어서

이병호
- 의견 → 번호 차례대로 앉자.
- 근거 → 바꾼 자리에 대한 불만을 줄일 수 있어서

김민우
- 의견 → 키 순서대로 앉자.
- 근거 → 라 사람은 항상 맨 뒷자리에 앉게 되어서

유선경
- 의견 → 학교에 일찍 오는 차례대로 앉자.

이경호
- 의견 → 마
- 근거 → 뽑은 자리에 불만이 없고, 새로운 친구를 사귈 수 있어서

이영애
- 의견 → 바
- 근거 → 키 큰 학생이 앞에 앉으면 뒤에 앉은 학생은 잘 보이지 않아서

1 다음은 토의를 할 때에 '진행자'와 '참여자'의 역할을 정리한 것입니다. 각각 누구의 역할에 대해 설명한 것인지 빈칸에 써 보세요.

①
• 정해진 규칙에 따라 발언한다.
• 근거를 들어 가며 의견을 말한다.
• 다른 발표자의 발언 내용을 잘 듣고, 중요한 내용은 메모한다.
• 궁금한 점은 발언이 끝난 뒤에 질문한다.

②
• 토의 절차와 규칙을 정한다.
• 토의를 진행한다.
• 모든 참여자가 토의에 참여할 수 있도록 골고루 발언 기회를 준다.
• 토의가 끝나면 토의 내용을 요약하고, 확인한다.

앞에서 읽은 글에서는 바로 동우가 진행자의 역할을 했어.

2 다음은 앞의 글을 읽은 친구들의 대화입니다. 가장 타당하지 <u>못한</u> 의견을 내고 있는 친구는 누구인가요?

① 선경이는 의견을 말할 때에 근거를 들어 말하지 않았어.

② 동우는 토의 끝에서 지금까지 토의한 내용을 정리하고, 간단히 요약하였어.

③ 민우와 영애는 같은 근거를 들어 같은 의견을 말하고 있어.

④ 토의가 잘 이루어지려면 무엇보다도 토의의 절차와 규칙을 지키는 것이 중요해.

 오늘 읽어 볼 글입니다. 차근차근 잘 읽고, 문제를 풀어 보세요.

1880년 12월 8일 충청남도 대덕군 산내면에서 태어난 신채호는 조선의 독립을 이루기 위해 민족의 역사를 바르게 써 민족의 정신과 기운을 바로 세우고자 했어요.

신채호는 기자로 활동하며 역사를 애국심의 원천이라 믿고, 애국심을 고취하는 논설을 발표하여 민족의식을 일깨웠어요. 또한 이순신, 을지문덕, 최영 같은 영웅들의 전기를 써서 절망에 빠진 민족에게 희망과 용기를 북돋워 주었지요. 뿐만 아니라 〈독사신론〉, 〈조선 상고사〉, 〈조선사 연구초〉, 〈조선사론〉 등의 역사서를 펴내 겨레 사랑의 정신을 불어넣으려고 애썼어요.

1910년 신채호는 조국을 떠나 만주, 중국, 시베리아를 돌아다니면서 조선의 역사를 연구했어요. 수많은 유적지들을 직접 돌아다니며 수많은 사료들을 접하면서 우리 고대사의 많은 부분이 왜곡되어 있다는 것을 알게 되었어요. 신채호는 "역사에 영혼이 있다면 처참하여 눈물을 흘릴 것"이라고 크게 슬퍼했어요.

신채호는 세수할 때 결코 허리와 고개를 굽히는 법이 없었어요. 그래서 세수를 하고 나면 옷이 항상 흥건히 젖었는데, 이는 일본이 우리나라를 지배하고 있던 상황에서 그들에게 고개를 숙이지 않으려고 했기 때문이에요. 이처럼 신채호는 평생을 독립을 이루려는 한결같은 마음과 굳은 의지로 살았어요.

1928년 일본 경찰에 체포되어 10년 형을 선고받은 신채호는 여순 감옥에서 징역을 살게 되었어요. 점점 몸이 쇠약해져서 1936년 차디찬 감옥에서 끝내 죽음을 맞이했어요.

신채호는 일제 강점기의 언론인이자 독립운동가로 또 역사학자로 많은 사람들의 기억 속에 남아 있을 거예요.

❶ **왜곡** : 사실과 다르게 해석하거나 그릇되게 함

❷ **처참하여** : 몸서리칠 정도로 슬프고 끔찍하여

다음은 앞에서 읽은 글의 내용을 한눈에 볼 수 있도록 정리한 글밥지도입니다. 보기 에서 알맞은 말을 골라 빈칸을 채워 보세요. 그리고 글에 알맞은 제목과 글의 짜임을 찾아 선으로 연결해 보세요.

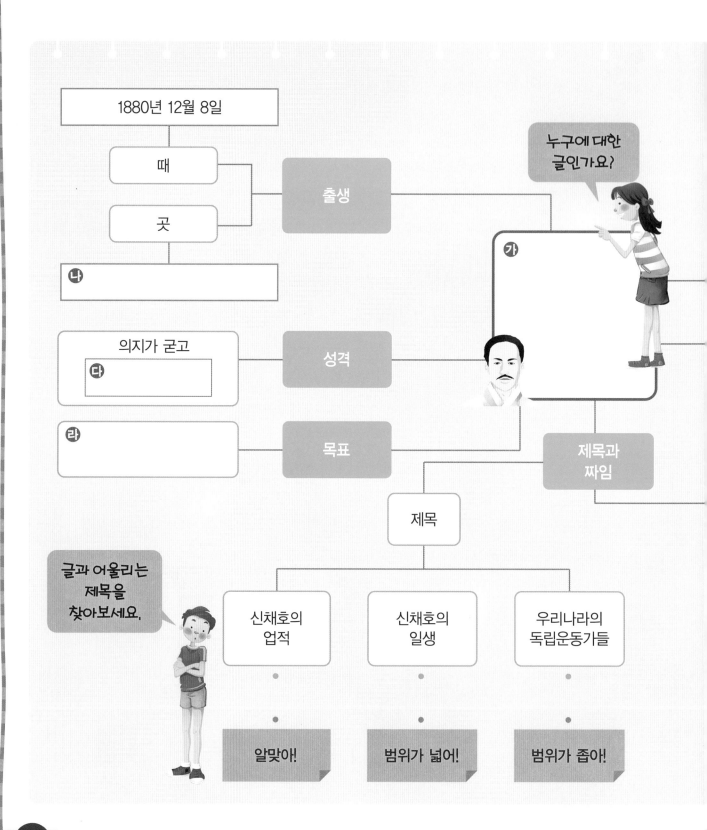

보기
① 겨레 사랑의 정신 ② 희망과 용기를 북돋워 줌 ③ 조선의 역사를 연구함
④ 애국심이 깊다. ⑤ 신채호 ⑥ 충청남도 대덕군 산내면
⑦ 조국의 독립 ⑧ 절망

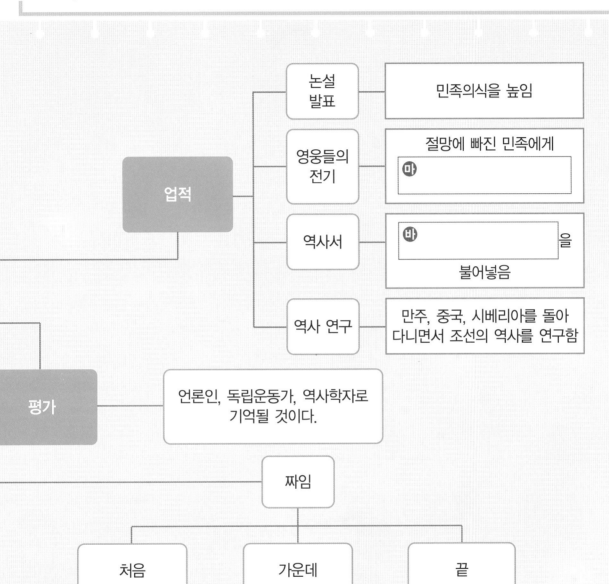

업적
  ├ 논설 발표 ── 민족의식을 높임
  ├ 영웅들의 전기 ── 절망에 빠진 민족에게 **마**
  ├ 역사서 ── **바** 을 불어넣음
  └ 역사 연구 ── 만주, 중국, 시베리아를 돌아다니면서 조선의 역사를 연구함

평가 ── 언론인, 독립운동가, 역사학자로 기억될 것이다.

짜임
  ├ 처음 ── 신채호의 죽음과 그에 대한 평가
  ├ 가운데 ── 신채호의 출생과 목표
  └ 끝 ── 신채호의 업적 및 일화

1 다음은 이야기 속 중요한 장면입니다. 이 장면을 통해 신채호의 어떤 점을 느낄 수 있나요? 알맞은 것을 모두 골라 ○표 해 보세요.

| 애국심 | | 굳은 절개 | | 여린 마음 | | 장난기 | |

2 다음은 앞의 글을 읽은 친구들의 대화입니다. 가장 타당하지 <u>못한</u> 의견을 내고 있는 친구는 누구인가요?

① 신채호는 삶 자체가 독립운동을 위한 삶이었던 것 같아.

② 신채호처럼 나라의 독립을 위해 애쓴 분들 덕분에 우리는 주권이 있는 국민이 된 거야.

③ 신채호는 평생을 일제와 타협하지 않고, 투쟁하며 살았어.

④ 신채호는 여러 나라를 여행하며 각 나라의 역사를 연구하였어.

 오늘 읽어 볼 글입니다. 차근차근 잘 읽고, 문제를 풀어 보세요.

블랙홀에 대해 들어 본 적이 있나요? 친구들은 아마 블랙홀을 모든 것을 빨아들이는 곳으로 알고 있을 거예요. 하지만 그것이 사실일까요? 최근 블랙홀이 은하계의 탄생과 성장에 큰 역할을 하고 있다는 사실이 밝혀졌어요. 거대한 블랙홀이 은하의 한가운데 자리를 잡고 있어서, 은하를 유지하는 중심 역할을 한다는 것이에요.

검은 구멍이라는 뜻의 블랙홀은 태양 무게의 10배 이상 나가는 별이 폭발하여 만들어진 천체예요. 폭발로 인해 부피는 작아졌지만 중력은 오히려 더 커지면서 주위의 모든 것을 끌어당기는데, 빛, 에너지, 물질 등 한 번 블랙홀 안으로 끌려 들어간 것은 다시는 나올 수 없어요.

그렇다면 블랙홀이 있다는 사실은 어떻게 알 수 있을까요? 블랙홀 반대편에 있는 별이 빛을 낼 때, 그 별빛이 블랙홀 근처를 지나가면서 휘어지는데, 그 휘어진 빛을 보고 블랙홀이 있다는 것을 확인할 수 있어요.

블랙홀은 '특이점'과 '사건의 지평선'으로 이루어져 있어요. 별이 폭발하면서 별 자체는 없어지지만, 중력은 더 커진다고 했어요. 그 중력의 중심점을 특이점이라고 불러요. 그리고 특이점 주위에 있는 사건의 지평선은 모든 것을 탈출할 수 없게 하는 블랙홀의 경계면이라고 할 수 있어요.

블랙홀은 우리에게 우주의 비밀을 알려 주는 신비의 구멍이에요. 무엇이든지 먹어 치우는 욕심쟁이 블랙홀의 신비에 대해 더 알고 싶지 않나요?

다음은 앞에서 읽은 글의 내용을 한눈에 볼 수 있도록 정리한 글밥지도입니다. 보기 에서 알맞은 말을 골라 빈칸을 채워 보세요. 그리고 글에 알맞은 제목과 문단의 내용을 찾아 선으로 연결해 보세요.

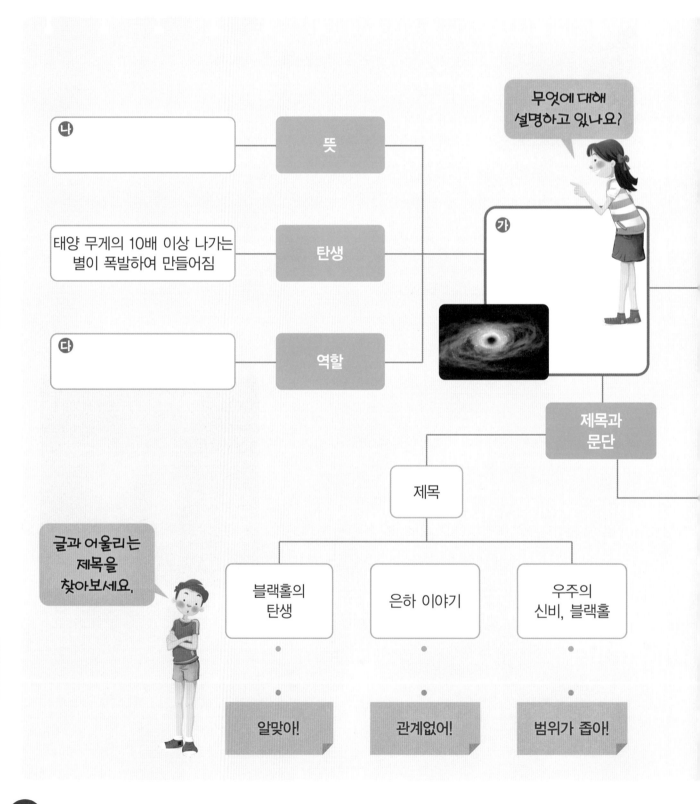

무엇에 대해 설명하고 있나요?

나

뜻

태양 무게의 10배 이상 나가는 별이 폭발하여 만들어짐

탄생

가

다

역할

제목과 문단

제목

글과 어울리는 제목을 찾아보세요.

블랙홀의 탄생

은하 이야기

우주의 신비, 블랙홀

알맞아!

관계없어!

범위가 좁아!

보기
① 검은 구멍　　　② 특이점　　　③ 은하
④ 은하를 유지하는 중심　　　⑤ 끌려가는 것을 보고　　　⑥ 휘어지는 것을 보고
⑦ 블랙홀　　　⑧ 우주의 비밀을 알려 준다.

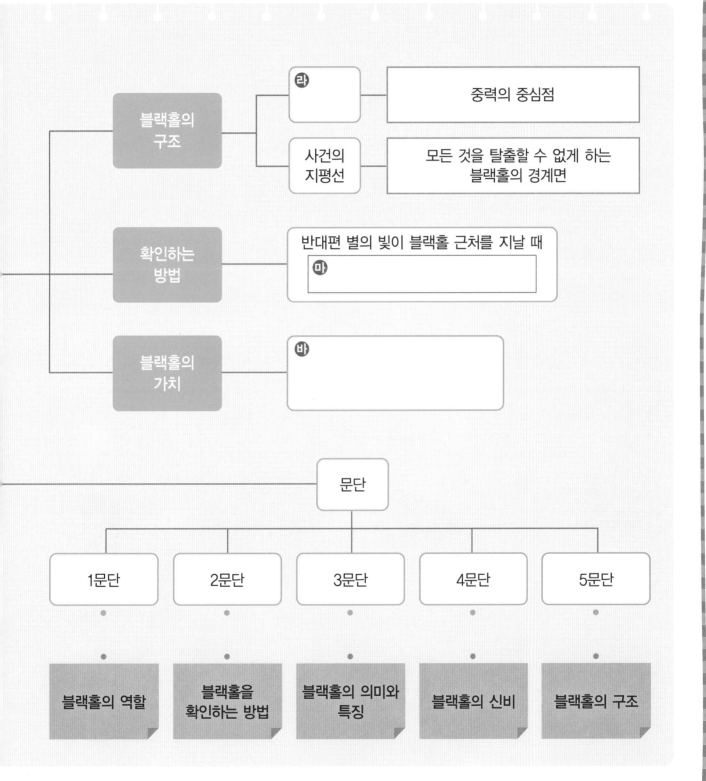

블랙홀의 구조 ─ 라　중력의 중심점

사건의 지평선　모든 것을 탈출할 수 없게 하는 블랙홀의 경계면

확인하는 방법 ─ 반대편 별의 빛이 블랙홀 근처를 지날 때 마

블랙홀의 가치 ─ 바

문단

| 1문단 | 2문단 | 3문단 | 4문단 | 5문단 |

블랙홀의 역할　　블랙홀을 확인하는 방법　　블랙홀의 의미와 특징　　블랙홀의 신비　　블랙홀의 구조

1 다음은 앞에서 읽은 블랙홀의 특징을 정리한 것입니다. 바르지 <u>않은</u> 것을 모두 골라 ∨표 해 보세요.

블랙홀의 특징
① 블랙홀이 은하계의 탄생과 성장에 큰 역할을 하고 있다.
② 한 번 블랙홀 안으로 끌려 들어간 것은 다시는 나올 수 없다.
③ 블랙홀은 중력의 중심점인 '사건의 지평선'과 블랙홀의 경계면인 '특이점'으로 이루어져 있다.
④ 별빛이 끌려 들어가는 것을 보고, 블랙홀이 있다는 것을 확인할 수 있다.
⑤ 블랙홀은 우주의 비밀을 알려 주는 신비의 구멍이다.

2 다음은 앞의 글을 읽은 친구들의 대화입니다. 가장 타당하지 <u>못한</u> 의견을 내고 있는 친구는 누구인가요?

①
블랙홀의 중심을 특이점이라고 부른다는 것을 처음 알았어.

②
우주는 마치 살아 움직이는 생명체인 것 같아.

③
우리가 살고 있는 지구도 블랙홀이 될 수 있대.

④
블랙홀이 모든 것을 빨아 들인다고 생각하니 무서워.

 오늘 읽어 볼 글입니다. 차근차근 잘 읽고, 문제를 풀어 보세요.

닭이 쌀알을 쪼아 먹는 것을 보며 황소가 말했어요.

"나는 날마다 논밭에 나가 농사일을 하고, 때로는 무거운 짐을 져다 나르지. 그런데 그렇게 힘든 일을 하면서도 먹는 것이라고는 겨우 풀뿐이야. 하지만 너는 별로 하는 일도 없이 빈둥 거리면서도 날마다 그 귀한 쌀을 먹다니 너무 불공평해."

그러자 닭이 잘난 체하며 말했어요.

"황소야, 난 날마다 일찍 일어나 사람들을 깨워. 사람들에게 일하러 가야 할 시간을 알려 주니 이보다 중요한 일이 어디에 있겠니? 그래서 하느님이 이렇게 멋진 동그란 볏까지 내려 주신 거야."

그런데 그때, 이 모습을 지켜보고 있던 개가 어슬렁거리며 다가왔어요.

"이놈, 닭아! 그게 뭐가 중요한 일이라고 황소 앞에서 자랑을 하는 거니? 나는 날마다 밤잠도 못 자고 집을 지키다가 도둑이 들면 도둑을 쫓아내. 이보다 더 힘든 일이 있는 줄 아니?"

"하하. 나처럼 볏도 없으면서 그게 무슨 중요한 일이니?"

화가 난 개는 닭에게 달려들었어요. 그리고 닭의 볏을 확 물어뜯었어요. 닭은 소리를 지르며 얼른 지붕 위로 날아 올라갔어요.

"이놈! 어서 안 내려올래?"

"흥! 내가 왜 내려가겠어? 나를 또 물어뜯을 텐데……."

개도 물러서지 않고 닭이 내려올 때까지 한없이 지붕만 멀뚱 멀뚱 쳐다보고 있었어요.

이때부터 '닭 쫓던 개 지붕 쳐다본다.' 라는 말이 생겼고, 닭의 볏이 지금처럼 톱니 모양이 된 것도 바로 이 때문이라고 해요.

다음은 앞에서 읽은 글의 내용을 한눈에 볼 수 있도록 정리한 글밥지도입니다. 보기 에서 알맞은 말을 골라 빈칸을 채워 보세요. 그리고 글에 알맞은 제목과 이야기의 순서를 찾아 선으로 연결해 보세요.

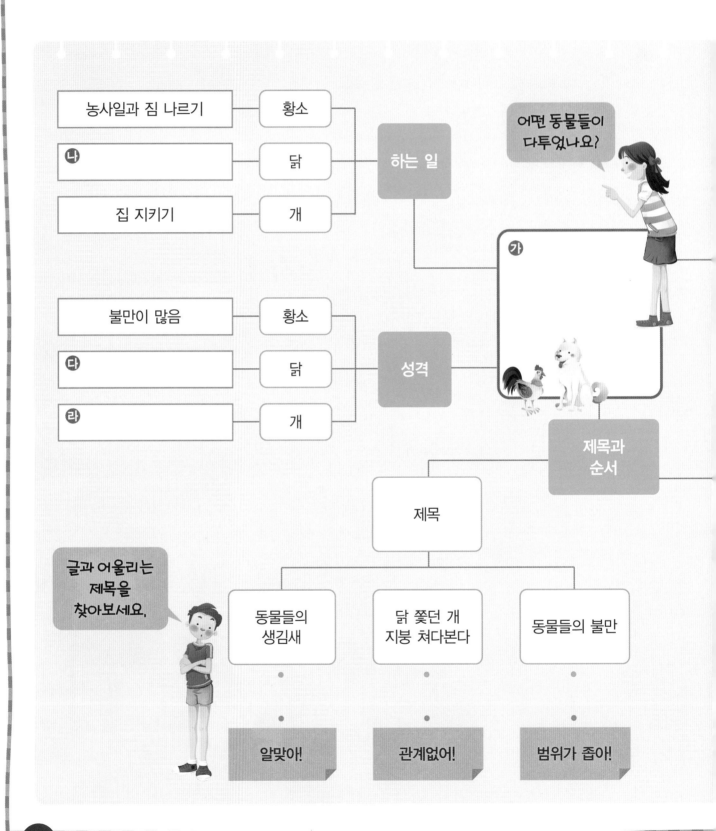

보기

① 닭과 개   ② 잘난 체하며 얄미움   ③ 개

④ 황소   ⑤ 닭   ⑥ 사람들 깨우기

⑦ 톱니 모양의 벼슬이 있다.   ⑧ 화를 잘 내고 난폭함

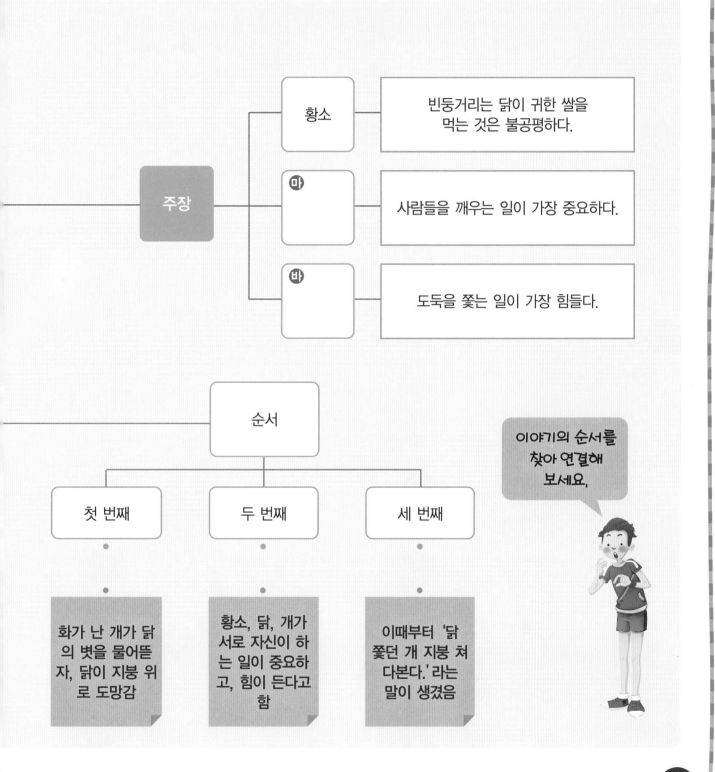

주장

황소 — 빈둥거리는 닭이 귀한 쌀을 먹는 것은 불공평하다.

㉮ — 사람들을 깨우는 일이 가장 중요하다.

㉯ — 도둑을 쫓는 일이 가장 힘들다.

순서

첫 번째 → 화가 난 개가 닭의 볏을 물어뜯자, 닭이 지붕 위로 도망감

두 번째 → 황소, 닭, 개가 서로 자신이 하는 일이 중요하고, 힘이 든다고 함

세 번째 → 이때부터 '닭 쫓던 개 지붕 쳐다본다.'라는 말이 생겼음

이야기의 순서를 찾아 연결해 보세요.

1 다음은 앞에서 읽은 글의 닭과 개가 그랬던 것처럼 동물들이 자신이 하는 일이 중요하다고 말하고 있습니다. 왜 중요하다고 말하는지 보기 에서 알맞은 말을 골라 빈칸에 답해 보세요.

고양이	돼지	벌
나는 ① _____ 로부터 곡식을 지키기 때문에 내가 하는 일이 가장 중요해.	나는 ② _____ 를 먹어 치우기 때문에 내가 하는 일이 가장 중요해.	나는 사람들에게 맛있는 ③ _____ 을 주기 때문에 내가 하는 일이 가장 중요해.

보기

| 쥐 | 음식물 찌꺼기 | 꿀 | 곡식 |

2 다음은 앞의 글을 읽은 친구들의 대화입니다. 가장 타당한 의견을 내고 있는 친구는 누구인가요?

① 말 한마디라도 상대방의 마음을 배려하여 말해야 할 것 같아.

② 내 생각에도 닭이 가장 중요한 일을 하는 것 같은데 개의 행동이 지나쳤어.

③ 상대방의 말에 너무 예민하게 반응하는 것은 바보 같은 짓이야.

④ 다른 동물을 배려하지 않는 닭은 더 혼나도 돼.

 오늘 읽어 볼 글입니다. 차근차근 잘 읽고, 문제를 풀어 보세요.

한지는 주로 닥나무와 닥풀이라는 자연 접착제로 만들기 때문에 '닥종이'라고 부르며, 조선 종이, 창호지, 문종이, 참종이, 닥지라고도 한다.

한지는 나무의 질감이 그대로 살아 있다. 그래서 손으로 만져 보면 고우면서도 질겨서, 잘 찢어지지 않는다. 또 한지는 물기를 매우 잘 빨아들이는 성질을 가지고 있다. 또 종이를 이루고 있는 섬유 사이에 적당한 공간이 있어서 공기와 햇빛이 잘 드나들 수 있다. 그러나 만드는 과정이 까다롭고 오랜 시간이 걸리며, 물기에 약하고 불에 잘 타는 단점이 있다. 한지를 만드는 과정은 다음과 같다.

① 닥 무지 만들기 : 닥나무를 잘라 큰 솥에 쪄서 껍질이 잘 벗겨지도록 한다.

② 닥 삶기 : 닥을 물에 불린 뒤 적당한 크기로 자른 다음, 잿물에 넣고, 2~3 시간 동안 삶는다.

③ 닥 씻기 : 삶은 닥을 물로 잘 씻은 뒤, 흐르는 물에 담가 고르게 뒤집어 준다.

④ 티 고르기 : 닥 속에 남아 있는 잡티를 직접 손으로 골라낸다.

⑤ 닥 두드리기 : 잡티를 없앤 닥을 방망이로 두들겨 물에 잘 풀어지게 만든다.

⑥ 원료 넣기 : 통에 깨끗이 씻은 닥과 찬물을 함께 넣고 이겨 끈끈하게 만든다. 이것을 다시 자루에 넣어 닥풀 집을 골라 낸 다음 닥죽, 물과 함께 통에 넣고 세게 저어 준다.

⑦ 종이 뜨기 : 대나무나 갈대로 만든 발을 통에 담가 앞뒤 좌우로 흔들어 종이를 떠 낸다.

⑧ 물 빼기 : 물먹은 종이를 겹쳐 쌓고, 나무 막대로 눌러 물을 뺀다.

⑨ 종이 말리기 : 젖은 종이를 건조판에 대고, 빗자루로 쓸어 말린다.

한지는 우리 민족의 전통 종이로서, 우리 민족의 생활 속에서 중요한 자리를 차지해 왔다. 그리고 오늘날까지도 이어져 내려와 세계적으로 한지의 우수성과 아름다움을 인정받고 있다.

글밥지도 그리기

다음은 앞에서 읽은 글의 내용을 한눈에 볼 수 있도록 정리한 글밥지도입니다. 보기 에서 알맞은 말을 골라 빈칸을 채워 보세요. 그리고 글에 알맞은 제목을 찾아 선으로 연결해 보세요.

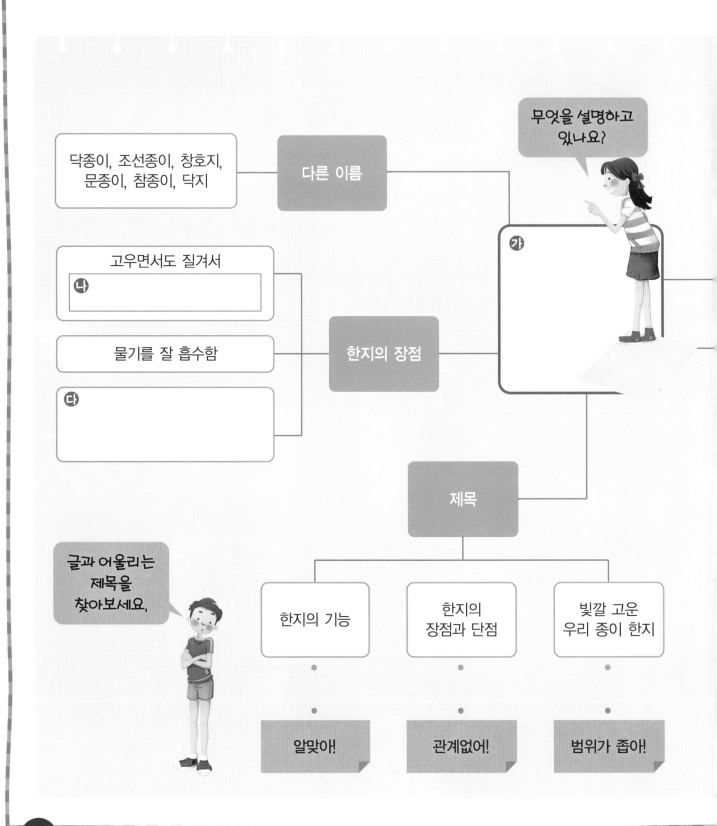

무엇을 설명하고 있나요?

닥종이, 조선종이, 창호지, 문종이, 참종이, 닥지 — 다른 이름

가

고우면서도 질겨서
나

물기를 잘 흡수함 — 한지의 장점

다

제목

글과 어울리는 제목을 찾아보세요.

한지의 기능

한지의 장점과 단점

빛깔 고운 우리 종이 한지

알맞아!

관계없어!

범위가 좁아!

보기

① 한지의 세계화　　② 종이 뜨기　　③ 닥 무지 만들기

④ 한지　　⑤ 잘 찢어지지 않음　　⑥ 불에 잘 탐

⑦ 한지를 만드는 과정　　⑧ 공기와 햇빛이 잘 드나들 수 있음

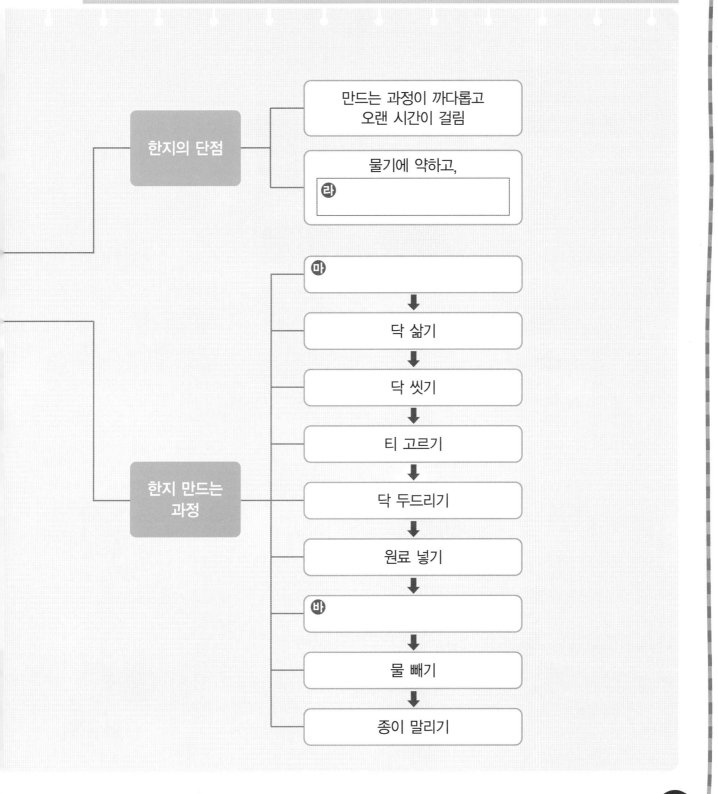

한지의 단점

만드는 과정이 까다롭고
오랜 시간이 걸림

물기에 약하고,
㉣

한지 만드는 과정

㉤

↓

닥 삶기

↓

닥 씻기

↓

티 고르기

↓

닥 두드리기

↓

원료 넣기

↓

㉥

↓

물 빼기

↓

종이 말리기

1 다음은 우리의 생활 속에서 한지를 활용한 예입니다. 한지의 어떤 특징을 활용한 것인지 알맞은 것을 골라 모두 ○표 해 보세요.

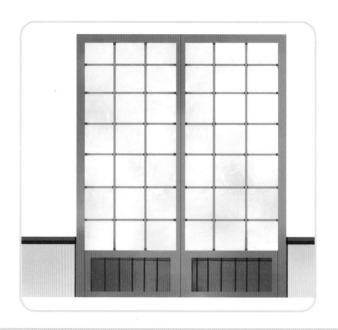

| 물기를 흡수한다. | | 햇빛이 잘 드나든다. | | 불에 잘 탄다. | | 잘 찢어지지 않는다. | |

2 다음은 앞의 글을 읽은 친구들의 대화입니다. 가장 타당하지 <u>못한</u> 의견을 내고 있는 친구는 누구인가요?

① 한지는 자연적인 재료로만 만들어져 우리 몸에 해롭지 않고, 포근한 느낌을 주는 것 같아.

② 한지의 단점을 보완하여 한지를 널리 보급시키려는 노력이 필요하다는 생각이 들었어.

③ 한지와 같은 우리 것을 소중히 여기고, 보존하기 위한 노력을 더 많이 해야 할 것 같아.

④ 한지는 짧은 역사에 비해 만드는 방법과 쓰임이 다양한 것 같아.

 오늘 읽어 볼 글입니다. 차근차근 잘 읽고, 문제를 풀어 보세요.

철도 박물관에는 철도의 역사와 발전 과정 및 변화된 모습을 한눈에 볼 수 있도록 여러 개의 전시실을 갖추고, 다양한 전차나 장비를 전시하고 있다.

중앙 홀에서는 파시형 증기 기관차 모형과 우리나라 최초의 철도 경인선 공사 기공식 사진을 볼 수 있다. 특히 파시형 증기 기관차 모양을 원래 기관차 모양을 10분의 1로 줄여 작게 만든 것으로 실제로 운행이 가능한 것이라고 한다.

철도 역사실은 '철도 개통 연대표', '증기 기관차 모형', '철도 휘장의 변천', '서울역 그릴 별실 식당 내부' 등으로 구성되어 있으며, 한국 철도의 발자취를 살펴볼 수 있다.

모형 철도 파노라마실은 선로 길이 289미터에 실물 기차의 87분의 1로 줄여 작게 만든 각종 열차가 지나면서 서울의 낮과 밤의 풍경을 보여 주는 곳이다.

전기 신호 통신실에서는 여러 가지 기차의 신호를 조작해 볼 수 있고, 차량실에서는 각종 열차의 모형을 통해 차량의 발달을 배울 수 있다.

운수 운전실에서는 철도원과 기관사의 제복, 기념우표, 기념 스탬프, 여러 종류의 승차권이 전시되어 있다.

미래 철도실에서는 현재와 미래의 열차 정보를 확인할 수 있다. 각국의 고속 철도를 비교하고 자기 부상 열차·무인열차·경전철 등에 관한 정보가 전시되어 있고, 아시아·유럽 등을 연결하는 대륙 횡단 선로와 모형도도 전시되어 있다.

◎ 위치 : 경기도 의왕시 월암동 374-1, 전철 1호선 의왕역에서 10분

◎ 관람료 : • 어른 : 500원

• 어린이·청소년 : 300원

◎ 휴관일 : 매주 월요일 및 공휴일 다음날, 1월 1일, 설·추석 연휴

다음은 앞에서 읽은 글의 내용을 한눈에 볼 수 있도록 정리한 글밥지도입니다. 보기 에서 알맞은 말을 골라 빈칸을 채워 보세요. 그리고 글에 알맞은 제목을 찾아 선으로 연결해 보세요.

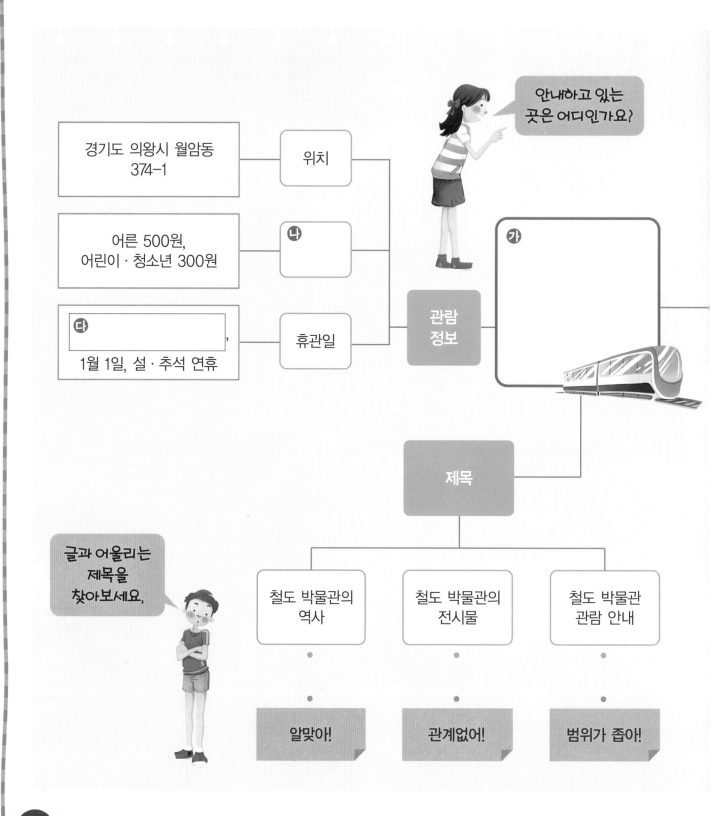

안내하고 있는 곳은 어디인가요?

| 경기도 의왕시 월암동 374-1 | 위치 |

| 어른 500원, 어린이 · 청소년 300원 | ⑭ |

| ⑮ , 1월 1일, 설 · 추석 연휴 | 휴관일 |

관람 정보

㉮

제목

글과 어울리는 제목을 찾아보세요.

| 철도 박물관의 역사 | 철도 박물관의 전시물 | 철도 박물관 관람 안내 |

알맞아!

관계없어!

범위가 좁아!

보기

❶ 철도 역사실 ❷ 교통 박물관 ❸ 현재와 미래의 열차

❹ 한국 철도의 발자취 ❺ 기차의 신호 ❻ 관람료

❼ 매주 월요일 및 공휴일 다음날 ❽ 철도 박물관

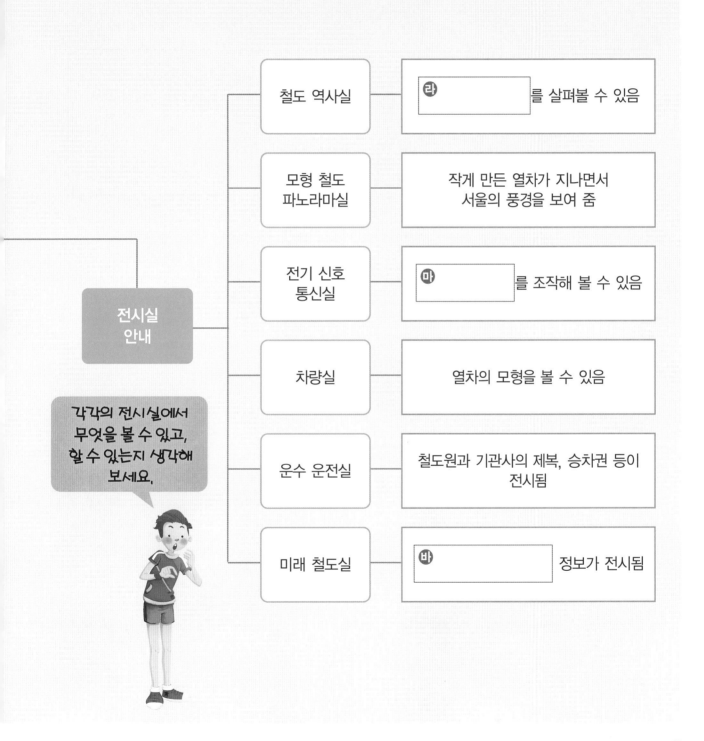

전시실
안내

각각의 전시실에서 무엇을 볼 수 있고, 할 수 있는지 생각해 보세요.

철도 역사실 — 라⃞ 를 살펴볼 수 있음

모형 철도 파노라마실 — 작게 만든 열차가 지나면서 서울의 풍경을 보여 줌

전기 신호 통신실 — 마⃞ 를 조작해 볼 수 있음

차량실 — 열차의 모형을 볼 수 있음

운수 운전실 — 철도원과 기관사의 제복, 승차권 등이 전시됨

미래 철도실 — 바⃞ 정보가 전시됨

1 다음은 앞에서 읽은 글을 통해 알 수 있는 철도 박물관에 대한 정보들을 정리한 것입니다. 바르지 <u>않은</u> 것을 찾아 ∨표 해 보세요.

철도 박물관에서 알 수 있는 것	
① 철도 박물관에는 철도의 역사와 발전 과정 및 변화된 모습을 한눈에 볼 수 있다.	☐
② 기관차 모양을 10분의 1로 줄여 작게 만든 파시형 증기 기관차 모형을 볼 수 있다.	☐
③ 철도 역사실에서는 한국 철도의 발자취를 살펴볼 수 있다.	☐
④ 차량실에서는 여러 가지 기차의 신호를 조작해 볼 수 있다.	☐
⑤ 미래 철도실에서는 아시아, 유럽 등을 연결하는 대륙 횡단 선로, 모형도도 살펴볼 수 있다.	☐

2 다음은 앞의 글을 읽은 친구들의 대화입니다. 가장 타당하지 <u>못한</u> 의견을 내고 있는 친구는 누구인가요?

①
철도 박물관에 가면 철도의 역사와 발전 과정을 한눈에 볼 수 있다니 흥미로워.

②
박물관에 가면 궁금한 것을 직접 눈으로 보고 확인할 수 있어서 좋을 것 같아.

③
책이나 인터넷을 통해 정보를 알 수 있으니까 직접 박물관에 가지 않아도 된다고 생각해.

④
직접 박물관에 가서 궁금한 점을 살펴보면 기억에 오래 남을 것 같아.

 오늘 읽어 볼 글입니다. 차근차근 잘 읽고, 문제를 풀어 보세요.

　　며칠 전 친구가 진돗개가 주인공으로 나오는 〈마음이〉라는 영화를 소개해 주었다. 내가 좋아하는 강아지가 주인공이라니. 나는 강아지를 세 마리나 키울 정도로 강아지를 좋아하기 때문에 영화를 꼭 보아야겠다고 다짐했다. 드디어 오늘 동생과 함께 〈마음이〉를 보게 되었다.

　　어른스러운 찬이와 천진난만한 여동생 소이는 집을 나간 엄마가 돌아오기를 기다리면서 살고 있다. 어느 날, 찬이는 강아지를 한 마리 데려와 소이에게 생일 선물로 준다. 강아지를 갖고 싶어했던 소이는 강아지에게 '마음이'라는 이름을 지어 주고 셋은 가족처럼 살게 된다. 그러던 어느 날, 얼어붙은 강에서 썰매를 타던 소이가 살얼음이 깨져 죽고 만다. 찬이는 소이가 죽게 된 것이 마음이 때문이라고 생각하고, 마음이를 버리고 엄마를 찾아 떠난다. 하지만 엄마를 찾으러 갔다가 실망하고 돌아오던 길에 나쁜 사람들의 꾀임에 빠진 찬이는 다시 마음이를 만나게 되고, 마음이는 위험에 빠진 찬이를 구하고 끝내 죽고 만다.

　　가장 기억에 남는 장면은 나쁜 사람들이 마음이를 개싸움에 보내려고 하고, 이를 구하려던 찬이가 위험에 빠지자 마음이가 찬이를 구하려고 온몸을 던지는 장면이었다. 찬이를 구하기 위해 나쁜 사람들에게 얻어맞아 죽음 직전에 이른 마음이를 보면서 나도 모르게 눈물이 나왔다.

　　주인공 찬이와 소이 그리고 마음이 역할을 한 진돗개의 멋진 연기를 통해 나는 진실한 가족 간의 사랑을 느낄 수 있었다. 가슴 뭉클해지는 감동을 느끼고 싶은 친구들이 있다면 꼭 이 영화를 봤으면 좋겠다.

다음은 앞에서 읽은 글의 내용을 한눈에 볼 수 있도록 정리한 글밥지도입니다. 보기에서 알맞은 말을 골라 빈칸을 채워 보세요. 그리고 글에 알맞은 제목과 글의 짜임을 찾아 선으로 연결해 보세요.

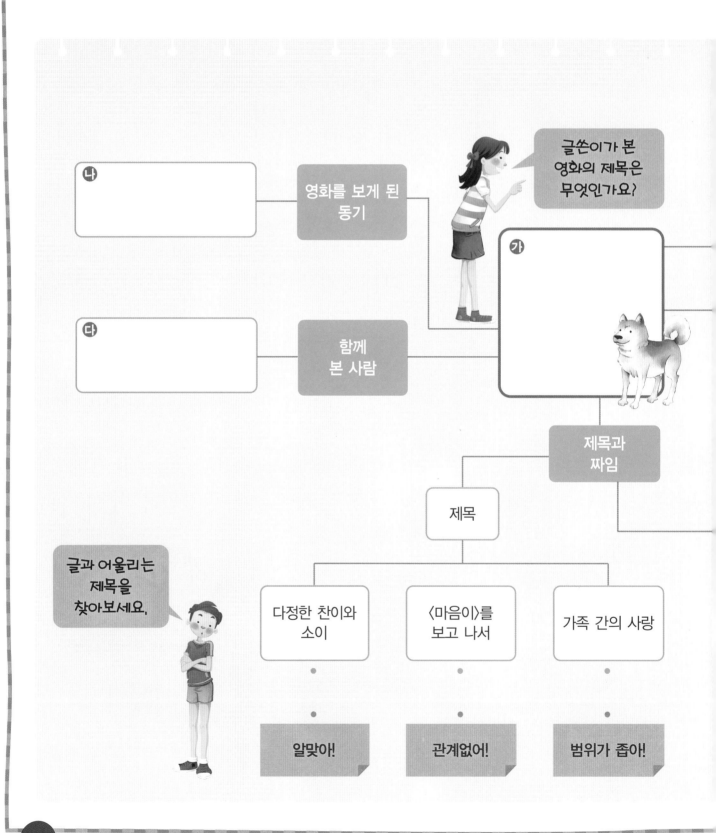

영화를 보게 된 동기

함께 본 사람

글쓴이가 본 영화의 제목은 무엇인가요?

제목과 짜임

제목

글과 어울리는 제목을 찾아보세요.

다정한 찬이와 소이

〈마음이〉를 보고 나서

가족 간의 사랑

알맞아!

관계없어!

범위가 좁아!

① 마음이   ② 소이와 찬이의 모험   ③ 동생

④ 충성스럽고 의리가 있다.   ⑤ 어른스럽고 의젓하다.   ⑥ 친구가 소개해 주어서

⑦ 마음이가 찬이를 구하려고 온몸을 던지는 장면   ⑧ 감동적인 장면

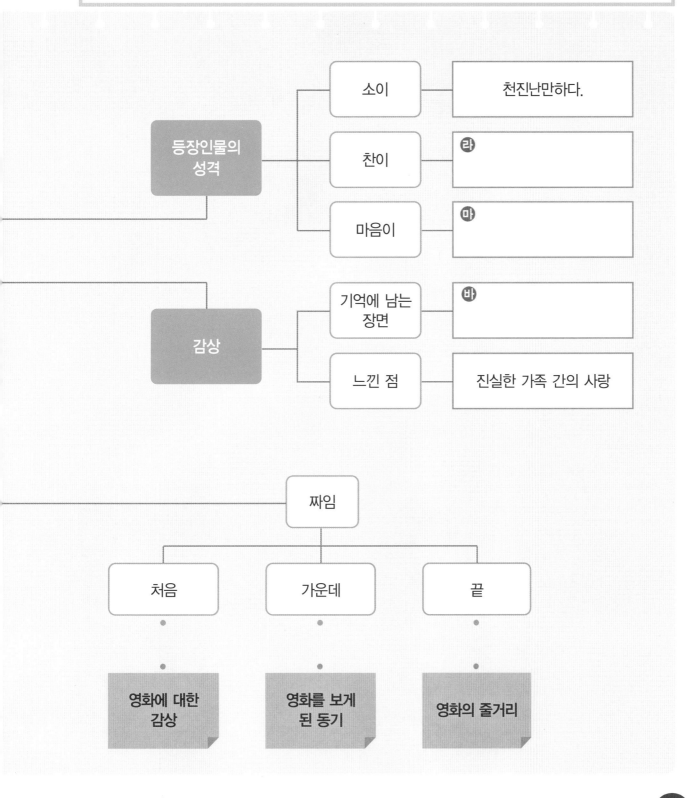

1 다음은 영화 속 중요한 장면입니다. 이 장면에서 마음이를 바라보는 찬이의 마음으로 바르지 <u>않은</u> 것을 골라 ∨표 하세요.

| 불쌍하다. ☐ | 통쾌하다. ☐ | 미안하다. ☐ | 안쓰럽다. ☐ |

2 다음은 앞의 글을 읽은 친구들의 대화입니다. 가장 타당하지 <u>못한</u> 의견을 내고 있는 친구는 누구인가요?

① 글쓴이는 강아지를 세 마리나 기르고 있었기 때문에 이 영화가 더 감동적으로 느껴졌을 거야.

② 마음이는 자신을 버리고 떠난 찬이를 원망하는 것 같아.

③ 동물을 키우는 사람들은 동물을 가족처럼 아끼고, 사랑하는 마음으로 대해야 한다고 생각해.

④ 나도 마음이처럼 내 마음을 알아주는 강아지를 키우고 싶다는 생각이 들었어.

공습국어 초등독해

정답과 해설

5·6학년 심화 II

주니어김영사

01회 | 17~20쪽

글밥지도 그리기

가 ⑧ 중남미문화원
나 ⑤ 마야 문명과 잉카 문명
다 ⑥ 부모님
라 ① '다산의 여신'
마 ② '켓살꼬아뜰' 석조물

● **제목**

중남미문화원의 전시실 / 세계의 여러 문명 / 중남미문화원을 찾아서

알맞아 / 관계없어 / 범위가 좁아

> **해설**
> • **중남미문화원의 전시실** : 제시문의 일부분의 내용에 해당하므로, 제목으로 하기에는 범위가 좁습니다.
> • **세계의 여러 문명** : 제시문은 중남미문화원을 찾아서 중남미 문화와 관련된 것을 보고 느낀 것을 쓴 것이므로, 제목과 관계없습니다.
> • **중남미문화원을 찾아서** : 중남미문화원을 다녀와서 쓴 것이므로, 제목으로 알맞습니다.

● **짜임**

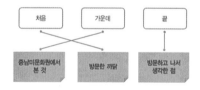

처음 / 가운데 / 끝

중남미문화원에서 본 것 / 방문한 까닭 / 방문하고 나서 생각한 점

요목조목 따져보기

1. ① 다산의 여신
　　② 삼겹 가면
2. ④

> **해설**
> 이 글에는 글쓴이가 들은 것에 대한 내용은 나타나 있지 않으므로, 이것은 타당하지 못한 의견입니다.

02회 | 21~24쪽

글밥지도 그리기

가 ① 성운
나 ② 티끌과 가스 구름
다 ⑦ 별과 별 사이에 있는 공간
라 ⑥ 스스로 빛을 내는 성운
마 ④ 어둡게 보이는 성운
바 ⑤ 밝게 보이는 성운

● **제목**

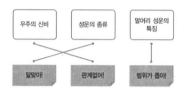

우주의 신비 / 성운의 종류 / 말머리 성운의 특징

알맞아 / 관계없어 / 범위가 좁아

> **해설**
> • **우주의 신비** : 제시문은 성운의 종류에 대해 구체적으로 설명하고 있을 뿐 우주의 신비에 대해 설명하는 내용은 없으므로, 제목과 관계없습니다.
> • **성운의 종류** : 제시문은 성운에 대해 자세히 알아보는 글이므로, 제목으로 알맞습니다.
> • **말머리 성운의 특징** : 제시문은 성운의 종류에 대해 자세히 설명했으므로, 제목으로 하기에는 범위가 좁습니다.

● **문단**

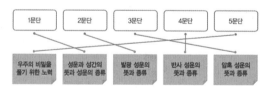

1문단 / 2문단 / 3문단 / 4문단 / 5문단

우주의 비밀을 풀기 위한 노력 / 성운과 성간의 뜻과 성운의 종류 / 발광 성운의 뜻과 종류 / 반사 성운의 뜻과 종류 / 암흑 성운의 뜻과 종류

요목조목 따져보기

1. ③
2. ②

> **해설**
> 성운마다 크기와 모양, 색은 모두 다르므로, 이것은 알맞지 않은 의견입니다.

03회 | 25~28쪽

글밥지도 그리기

가 ② 교복
나 ⑥ 하민우
다 ⑤ 이지아
라 ③ 김윤영
마 ⑦ 경제적이기 때문에
바 ⑧ 각자의 개성

● **토론 주제**

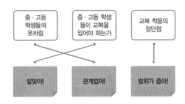

> **해설**
> • **중·고등 학생들의 옷차림** : 제시문은 중·고등 학생들의 교복 착용에 대해 이야기를 주고받는 내용이므로, 제목과 관계없습니다.
> • **중·고등 학생들이 교복을 입어야 하는가** : 제시문은 중·고등 학생들의 교복 착용에 대해 이야기를 주고받는 내용이므로, 제목으로 알맞습니다.
> • **교복 착용의 장단점** : 교복 착용의 장단점을 들어 토론을 하는 내용이지만 교복 착용 장단점에 대한 내용 자체가 주제는 아니므로, 제목으로 하기에 범위가 좁습니다.

요목조목 따져보기

1. ④
2. ④

> **해설**
> 제시문은 서로 생각이 다른 문제에 대하여 반대하는 사람과 찬성하는 사람이 각각 자신의 의견을 말하고, 상대방의 의견을 반박하며 자기 주장이 옳음을 밝혀 나가는 토론 형식의 글이므로, 이것은 알맞지 않은 의견입니다.

04회 | 29~32쪽

글밥지도 그리기

가 ⑧ 여우
나 ③ 늑대
다 ⑦ 사자
라 ② 심술궂고 치사함
마 ① 온순하고 순진함
바 ④ 공정하지 못함

● **제목**

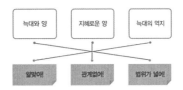

> **해설**
> • **늑대와 양** : 제시문은 늑대가 양에게 억지를 부려 양이 억울한 일을 당하는 구체적인 내용이 담겨 있으므로, 제목으로 하기에는 범위가 넓습니다.
> • **지혜로운 양** : 내용 전개가 늑대의 행동에 초점이 맞추어진 것이고 양도 지혜롭다기보다는 순진하므로, 제목과 관계없습니다.
> • **늑대의 억지** : 제시문은 늑대가 양에게 생떼를 부리는 내용이므로, 제목으로 알맞습니다.

● **구성**

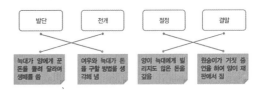

끄덕끄덕 공감하기

1. ① 당황스럽다. ② 원망스럽다.
2. ④

> **해설**
> 억울한 일을 당하였을 때 무조건 힘이 세다고 해결되는 것은 아닙니다.

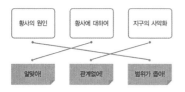 **글밥지도 그리기**

가 ② 황사
나 ⑦ 모래바람
다 ③ 중국과 몽골의 사막화
라 ④ 마스크, 모자
마 ⑥ 광합성 작용
바 ① 천식, 비염

● **제목**

황사의 원인	황사에 대하여	지구의 사막화

알맞아!	관계없어!	범위가 좁아!

> **해설**
> • **황사의 원인** : 제시문에 나타난 일부분의 내용을 나타내어 전체 내용을 담지 못하므로, 제목으로 하기에는 범위가 좁습니다.
> • **황사에 대하여** : 제시문은 황사의 뜻, 원인, 대처하는 방법 등 황사 전반에 대한 내용이 나타나 있으므로, 제목으로 알맞습니다.
> • **지구의 사막화** : 제시문은 황사에 대한 내용을 다루었으므로, 제목과 관계없습니다.

● **문단**

1문단	2문단	3문단	4문단

황사가 미치는 영향	황사의 뜻과 원인	황사의 피해를 줄이기 위한 개인적인 노력이 필요함	황사 대처 방법

  **요목조목 따져보기**

1. ③
2. ③

> **해설**
> 제시문에서 황사는 3월부터 5월까지 부는 모래바람이라고 했습니다. 황사는 주로 봄에 불기 때문에, 이것은 알맞지 않은 의견입니다.

글밥지도 그리기

가 ③ 가을 경치
나 ② 숲 속 정자
다 ④ 가을
라 ⑤ 달이 뜨는 모습
마 ⑥ 토해 낸다.
바 ⑦ 안고 흐른다.

● **각 연의 표현**

1연	2연	3연	4연

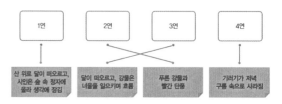

산 위로 달이 떠오르고, 시인은 숲 속 정자에 올라 생각에 잠김	달이 떠오르고, 강물은 너울을 일으키며 흐름	푸른 강물과 빨간 단풍	기러기가 저녁 구름 속으로 사라짐

> **참조**
> 율곡 이이가 여덟 살에 지은 '화석정'은 늦가을의 풍경을 그린 시입니다. 화석정은 율곡이 벼슬에서 물러나 거처하던 곳으로도 알려져 있습니다. 현재 파주 임진강 가에 있는 화석정에는 율곡의 시 '화석정'을 풀이해 놓은 비가 있습니다. 한자로 쓰여진 시는 풀이하는 사람에 따라 그 내용이 조금씩 다를 수 있습니다. 비에 쓰여진 시의 원문과 풀이도 한번 읽어 보세요.
>
> 林亭已晚 (임정추이만) 숲속 정자에 가을이 이미 깊어드니,
> 騷客意無窮 (소객의무궁) 시인의 시상은 끝이 없구나.
> 遠水連天碧 (원수연천벽) 멀리 보이는 물은 하늘에 잇닿아 푸르고,
> 霜楓向日紅 (상풍향일홍) 서리 맞은 단풍은 해를 향해 붉도다.
> 山吐孤輪月 (산토고륜월) 산 위에는 둥근 달이 떠오르고
> 江含萬里風 (강함만리풍) 강은 만리에서 불어오는 바람을 머금었네.
> 塞鴻何處去 (새홍하처거) 변방의 기러기는 어느 곳으로 날아가는고?
> 聲斷暮雲中 (성단모운중) 울고 가는 소리 저녁 구름 속으로 사라지네.

 끄덕끄덕 공감하기

1. 후련하다., 개운하다.
2. ④

> **해설**
> 이 시는 가을 저녁 해질 무렵의 가을 정취를 노래한 것입니다.

글밥지도 그리기

가 ③ 제3회 원자력 공모전
나 ② ○○원자력연구소
다 ⑧ 안전성을 홍보하기 위해서
라 ⑤ 글짓기
마 ⑦ 초 · 중 · 고등학교 재학생
바 ④ 온라인 접수

● **제목**

해설
- **제3회 원자력 공모전 안내** : 제시문은 행사를 안내하는 글이므로, 제목으로 알맞습니다.
- **원자력 에너지의 특징** : 제시문은 제3회 원자력 공모전을 안내하는 글입니다. 원자력 에너지의 특징은 나타나 있지 않습니다. 그러므로 제목과 관계없습니다.
- **원자력 에너지를 홍보하기 위하여** : 제시문은 제3회 원자력 공모전의 목적과 분야 참가 대상 및 접수 방법 등을 자세히 다루고 있습니다. 따라서 이 제목은 행사의 목적만 담고 있으므로, 제목으로 하기에는 범위가 좁습니다.

 요목조목 따져보기

1. ④
2. ①

해설
제시문과 같은 안내하는 글을 읽을 때는 내용과 목적, 시간과 장소 등을 잘 살펴보아야 합니다.

 글밥지도 그리기

가 ⑦ 애완견
나 ① 애완견 관련 법규
다 ② 목줄
라 ④ 공공장소
마 ⑥ 이동장
바 ⑧ 배변 봉투

● **제목**

해설
- **공중도덕을 지키자** : 제시문은 애완견을 키우는 예절에 대한 글이므로, 제목으로 하기에는 범위가 넓습니다.
- **애완견을 키우면 좋은 점** : 제시문은 애완견을 키울 때 예절을 지키자는 내용이므로, 제목과 관계없습니다.
- **애완견을 키우는 예절** : 제시문은 애완견을 키우는 예절을 지키자는 내용이므로, 제목으로 알맞습니다.

● **짜임**

 요목조목 따져보기

1. 가 애완견을 키울 때의 예절을 지키자.
   ②
2. ②

해설
공공장소에서는 반드시 애완견에게 목줄을 매어 주어야 합니다.

09회 | 49~52쪽

 글밥지도 그리기

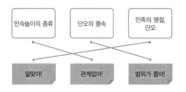

㉮ ③ 단오
㉯ ② 수릿날, 천중절, 중오절, 단양
㉰ ① 굴원의 영혼을 위로하기 위한 제사
㉱ ⑤ 수리취떡과 증편
㉲ ⑥ 창포에 머리 감기
㉳ ④ 그네뛰기, 활쏘기, 씨름

● 제목

민속놀이의 종류	단오의 풍속	민족의 명절, 단오

알맞아!	관계없어!	범위가 좁아!

> **해설**
> • **민속놀이의 종류** : 제시문은 단오에 대하여 자세히 설명하는 글이므로, 제목과 관계없습니다.
> • **단오의 풍속** : 제시문은 단오의 풍속뿐만 아니라 단오의 유래, 놀이, 음식 등 다양한 내용이 나타나 있으므로, 제목으로 하기에는 범위가 좁습니다.
> • **민족의 명절, 단오** : 제시문은 단오에 대해 자세한 정보를 알려 주는 내용이므로, 제목으로 알맞습니다.

● 문단

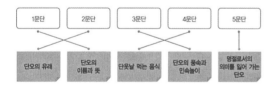

1문단	2문단	3문단	4문단	5문단

단오의 유래	단오의 이름과 뜻	단옷날 먹는 음식	단오의 풍속과 민속놀이	명절로서의 의미를 잃어 가는 단오

 요목조목 따져보기

1. ④
2. ③

> **해설**
> 단오 음식들은 미각을 돋울 뿐 아니라 여름을 건강하게 날 수 있는 음식이 대부분입니다. 나머지는 단오와 관계없는 내용을 말하고 있습니다.

10회 | 53~56쪽

 글밥지도 그리기

㉮ ⑧ 초등학교 학생들의 독서 실태
㉯ ③ 우리 반 친구 40명
㉰ ② 설문지 조사
㉱ ⑥ 주로 읽는 책
㉲ ④ 여가 시간
㉳ ① 텔레비전을 보기 때문에

● 짜임

처음	가운데	끝

조사 목적과 조사 대상 및 방법 소개	조사 결과 해석	설문지 조사 내용 및 결과

 요목조목 따져보기

1. ②, ④
2. ③

> **해설**
> 아이들이 독서의 중요성을 알지 못하고 있는 것은 사실이므로, 이것은 알맞은 의견입니다.

11회 | 57~60쪽

글밥지도 그리기

- ㉮ ⑥ 교내 가을 체육 대회
- ㉯ ⑦ 가을의 잔치, 교내 체육 대회 치러
- ㉰ ① 10월 23일
- ㉱ ④ 교내 운동장에서
- ㉲ ⑧ 협동심을 기르기 위해

● 본문

요목조목 따져보기

1. ③
2. ③

> **해설**
>
> 제시문은 운동회에 대한 소식을 육하원칙에 따라 사실대로 알리는 기사문이므로, 생각이나 소감이 나타나 있지 않습니다.

12회 | 61~64쪽

글밥지도 그리기

- ㉮ ③ 즉석식품
- ㉯ ① 즉석식품을 먹어도 된다.
- ㉰ ⑥ 시간, 노력, 비용
- ㉱ ② 즉석식품을 먹어서는 안 된다.
- ㉲ ⑧ 성장을 방해하고, 살이 찌는 원인이 됨
- ㉳ ⑤ 인체에 해로운 성분

● 제목

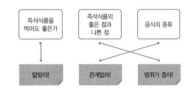

> **해설**
>
> - **즉석식품을 먹어도 좋은가** : 제시문은 즉석식품을 먹어도 된다는 내용과 먹지 말아야 한다는 내용이 모두 나타나 있는 토론 글이므로, 제목으로 알맞습니다.
> - **즉석식품의 좋은 점과 나쁜 점** : 제시문은 즉석식품의 좋은 점과 나쁜 점을 예로 들어 자신의 주장을 펼치는 글이므로, 제목으로 하기에는 범위가 좁습니다.
> - **음식의 종류** : 제시문은 즉석식품의 종류를 일부 예로 들었을 뿐이므로, 제목과 관계없습니다.

요목조목 따져보기

1. ㉮ 즉석식품을 먹어도 된다.
   ㉯ 즉석식품을 먹어서는 안 된다.
   ②
2. ③

> **해설**
>
> 제시문은 '즉석식품을 먹어도 좋은가'라는 주제에 대한 두 가지 주장을 보여 주고 있습니다. 따라서 음식은 가리지 않고 무엇이든지 잘 먹는 것이 좋다는 의견은 제시문과 아무런 관련이 없습니다.

글밥지도 그리기

가 ⑥ 강우현
나 ① 제주도
다 ⑤ 직장을 옮기셨기 때문에
라 ⑧ 이해심이 많고, 밝고 쾌활함
마 ④ 만화 그리기
바 ⑦ 좋은 친구로 남고 싶음

● 제목

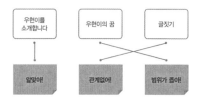

● 목적

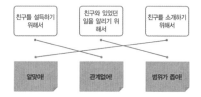

해설

- **친구를 설득하기 위해서** : 제시문은 친구를 소개하는 글이므로, 목적으로 알맞지 않습니다.
- **친구와 있었던 일을 알리기 위해서** : 제시문은 친구와 있었던 일뿐만 아니라 친구의 가족과 재주, 꿈 등 다양한 것들을 소개하고 있습니다. 그러므로 목적으로 하기에는 범위가 좁습니다.
- **친구를 소개하기 위해서** : 제시문은 친구를 소개하는 글이므로, 목적으로 알맞습니다.

 요목조목 따져보기

1. ①, ③
2. ①

해설

글쓴이는 자신이 좋아하는 친구 우현이에 대해 자세히 소개하고 있습니다. 우현이에게 부러운 점과 고마운 일까지 밝히며 좋은 친구로 남고 싶다고 했습니다.

글밥지도 그리기

가 ④ 첨성대
나 ⑥ 경상북도 경주시
다 ⑤ 병 모양
라 ② 우물 정(井) 자 모양
마 ③ 천문 관측 기구
바 ⑧ 동양에서 가장 오래된 천문대

● 제목

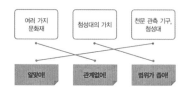

해설

- **여러 가지 문화재** : 제시문은 첨성대에 대하여 자세히 설명하는 글이므로, 제목과 관계없습니다.
- **첨성대의 가치** : 제시문은 첨성대의 가치뿐만 아니라 다양한 내용이 나타나 있으므로, 전체 내용을 다 포함하는 제목으로는 하기에는 범위가 좁습니다.
- **천문 관측 기구, 첨성대** : 제시문은 첨성대에 대해 자세한 정보를 제공하는 내용이므로, 제목으로 알맞습니다.

● 문단

 요목조목 따져보기

1. ②
2. ③

해설

첨성대는 구조는 단순하게 보여도 천문 관측을 하는 데 어려움이 없었습니다.

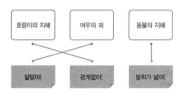 **글밥지도 그리기**

가 ④ 여우, 호랑이
나 ② 숲 속
다 ⑧ 침착하고 지혜로움
라 ⑦ 단순하고 어리석음
마 ③ 호랑이

● **제목**

호랑이의 지혜	여우의 꾀	동물의 지혜

알맞아!	관계없어!	범위가 넓어!

> **해설**
> • **호랑이의 지혜** : 제시문은 여우의 꾀 많은 행동을 이야기한 것이므로, 제목과 관계없습니다.
> • **여우의 꾀** : 제시문은 여우의 꾀에 속아 넘어간 호랑이의 이야기를 다룬 것이므로, 제목으로 알맞습니다.
> • **동물의 지혜** : 제시문은 위기에 닥친 여우가 꾀를 내어 위기에서 벗어나는 이야기이므로, 제목으로 하기에 범위가 넓습니다.

● **구성**

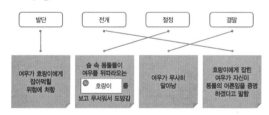

발단	전개	절정	결말

여우가 호랑이에게 잡아먹힐 위험에 처함	숲 속 동물이 여우를 뒤따라오는 **예** 호랑이 를 보고 무서워서 도망감	여우가 무사히 달아남	호랑이에게 잡힌 여우가 자신이 동물의 어른임을 증명하겠다고 말함

 끄덕끄덕 공감하기

1. 여우 : ①, 호랑이 : ②
2. ④

> **해설**
> 죽을 위기에 처한 여우가 살기 위해 거짓말을 한 것을 무조건 나쁘다고는 할 수 없습니다.

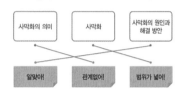 **글밥지도 그리기**

가 ④ 지구의 사막화
나 ② 빨라지고 있다.
다 ⑤ 오랜 가뭄
라 ① 인구 증가
마 ⑥ 나무 심기
바 ⑧ 서로 돕고 보호해야 한다.

● **제목**

사막화의 의미	사막화	사막화의 원인과 해결 방안

알맞아!	관계없어!	범위가 넓어!

> **해설**
> • **사막화의 의미** : 제시문에서 사막화의 뜻에 대한 내용은 나타나 있지 않습니다. 그러므로 글과 관계없습니다.
> • **사막화** : 제시문은 사막화의 원인과 해결 방안에 대한 내용이 주 내용이므로, 제목으로 하기에는 범위가 넓습니다.
> • **사막화의 원인과 해결 방안** : 제시문은 사막화의 원인과 해결 방안을 설명하는 글이므로, 제목으로 알맞습니다.

● **문단**

1문단	2문단	3문단	4문단

사막화의 인위적인 원인	사막화의 두 가지 원인	사막화를 막기 위한 우리의 태도	사막화를 막기 위한 방법

 요목조목 따져보기

1. 가 자연을 소중히 여겨야 한다.
　②
2. ③

> **해설**
> 한 번 파괴된 자연은 쉽게 복구되지 않습니다. 많은 시간과 노력을 들여야 할 뿐만 아니라 완전히 복구되지 않습니다.

글밥지도 그리기

㉮ ③ 성삼문
㉯ ④ 푸른 소나무 되어서
㉰ ⑤ 혼자 푸르게 살아 있으리라.
㉱ ① 굳은 절의
㉲ ② 단종

● 각 장의 내용

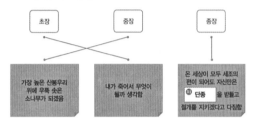

● 주제

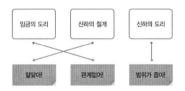

> **해설**
> • **임금의 도리** : 제시문은 임금에 대한 신하의 변함없는 충성심이므로, 주제와 관계없습니다.
> • **신하의 절개** : 제시문에는 임금에 대한 일편단심은 변하지 않는다고 하였으므로, 주제로 알맞습니다.
> • **신하의 도리** : 제시문에는 어떤 한 임금에 대한 신하로서의 도리인 변함없는 충성을 다하겠다고 하였으므로, 주제로 하기에는 부족합니다.

 끄덕끄덕 공감하기

1. 동환
2. ③

> **해설**
> 흉내 내는 말을 사용하면 생동감이 느껴지는 것은 사실이지만, 이 시조에는 흉내 내는 말이 나타나 있지 않습니다.

 글밥지도 그리기

㉮ ② 벌
㉯ ① 하느님과 닮았다.
㉰ ③ 나쁘게 변했다.
㉱ ④ 보호 수단
㉲ ⑤ 독약같이 독함

● 제목

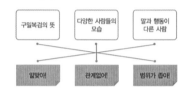

> **해설**
> • **구밀복검의 뜻** : 이 말은 사람의 나쁜 행동 가운데 좋은 말 뒤에 나쁜 마음이 담겨 있다는 뜻입니다. 그러므로 제시문의 전체 내용의 일부분에 해당하므로, 제목으로 하기에는 범위가 좁습니다.
> • **다양한 사람들의 모습** : 제시문은 단순히 다양한 사람들의 모습만을 나타낸 것이 아니므로, 제목과 관계없습니다.
> • **말과 행동이 다른 사람** : 제시문은 겉으로 달콤하게 하는 말과 달리 나쁜 행동과 마음으로 다른 사람에게 상처를 준다는 내용이므로, 제목으로 알맞습니다.

● 짜임

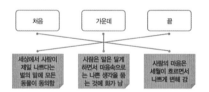

 끄덕끄덕 공감하기

1. • 구밀복검의 뜻 : 말은 달게 하면서 마음속에는 나쁜 생각을 품고 있다.
　　 • 같은 뜻을 담은 말 : 겉 다르고 속 다르다.
2. ①

> **해설**
> 사람이 아무리 생각의 자유가 있더라도, 말과 달리 마음속으로 좋지 않은 생각을 하는 것은 옳지 않습니다.

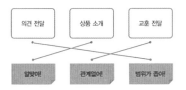

가 ④ 온열 매트
나 ⑥ 한 번 사면 10년 쓸 매트! 따끈 온열 매트로 사세요!
다 ② 상업 광고
라 ③ 건강에 좋은 옥돌이 촘촘히!

● **광고의 목적**

의견 전달	상품 소개	교훈 전달
알맞아	관계없어	범위가 좁아

해설

• **의견 전달** : 제시문은 상품을 광고하는 사람이 자신의 제품을 사라는 의견이 나타나 있지만, 글 자체가 의견 전달을 목적으로 하는 것이 아니므로 범위가 좁습니다.

• **상품 소개** : 제시문은 자신의 상품을 소개하고 광고하는 글이므로, 목적으로 알맞습니다.

• **교훈 전달** : 제시문은 광고하는 글이지 교훈을 목적으로 하는 글이 아니므로 목적과 관계없습니다.

● **표현**

다른 회사를 비방하는 표현	과장된 표현	소비자를 속이는 표현
포근 온열 매트보다 훨씬 촘촘한 옥돌	사용하는 순간 건강해지는, 모든 소비자들이 100퍼센트 만족하는 제품	하루 8시간 한 달 내내 펑펑 써도 전기료는 3,000원 미만

 요목조목 따져보기

1. 인상적이에요, 간결해요, 흥미를 끌어요.
2. ③

해설

이 광고문에는 과장되거나 잘못된 내용이 있으므로, 주의 깊게 살피며 읽어야 합니다.

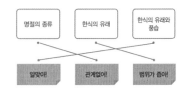

가 ② 한식
나 ⑦ 동지로부터 105일째 되는 날
다 ⑥ 찬 음식을 먹는 날
라 ③ 개자추
마 ⑧ 조상의 묘를 찾아 돌보고
바 ④ 농사 준비를 함

● **제목**

명절의 종류	한식의 유래	한식의 유래와 풍습
알맞아	관계없어	범위가 좁아

해설

• **명절의 종류** : 제시문은 한식의 유래와 하는 일이므로, 제목과 관계 없습니다.

• **한식의 유래** : 제시문에서는 한식의 유래뿐 아니라 하는 일도 나타나 있으므로, 제목으로 하기에는 범위가 좁습니다.

• **한식의 유래와 풍습** : 제시문은 한식의 유래와 풍습 등이 나타나 있으므로, 제목으로 알맞습니다.

● **문단**

1문단	2문단	3문단	4문단
한식의 유래	한식의 시기	한식의 풍습	한식의 뜻

 요목조목 따져보기

1. ③ 찬 음식을 먹음
2. ①

해설

명절마다 모두 다른 뜻을 담고 있고, 하는 일이나 먹는 음식도 다릅니다.

글밥지도 그리기

㉮ ① 외국어 사용
㉯ ⑤ 외국어를 사용해도 된다.
㉰ ④ 영어는 세계 공용어이다.
㉱ ⑥ 함부로 외국어를 사용해서는 안 된다.
㉲ ⑦ 정신의 바탕이 된다.
㉳ ③ 경제적인 가치

● 제목

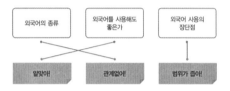

> **해설**
> • **외국어의 종류** : 제시문에는 외국어의 종류가 나타나 있지 않으므로, 제목과 관계없습니다.
> • **외국어를 사용해도 좋은가** : 제시문은 외국어 사용의 장단점을 근거로 토론하는 글이므로, 제목으로 알맞습니다.
> • **외국어 사용의 장단점** : 제시문은 외국어 사용의 장단점을 기본으로 토론하는 글이므로, 제목으로 하기에는 범위가 좁습니다.

 요목조목 따져보기

1. ① 누리집 ② 빵 가게 ③ 미용실 ④ 옷맵시
2. ②

> **해설**
> 우리말로 바꾸어 쓸 수 있는 외국말은 우리말로 바꾸어 쓰는 것이 알맞습니다.

 글밥지도 그리기

㉮ ⑤ 지킴이 맘 발대식
㉯ ⑧ 학교 폭력 어머니가 막는다
㉰ ③ 지킴이 맘이
㉱ ④ ○○문화원에서
㉲ ⑦ 마을 주민들과 학생들의 성원을 받으며 가졌다.

● 본문

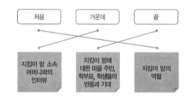

 요목조목 따져보기

1. ㉮ 발대식
   ③
2. ②

> **해설**
> 제시문은 기사문이므로, 기사를 쓴 글쓴이의 생각이나 의견이 나타나 있다는 것은 잘못된 의견입니다.

글밥지도 그리기

가 ④ 석굴암
나 ② 부처
다 ⑥ 김대성
라 ① 전실, 주실, 비도
마 ⑦ 인공 석굴
바 ③ 세계 문화 유산

● **제목**

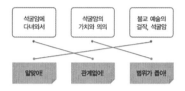

석굴암에 다녀와서	석굴암의 가치와 의의	불교 예술의 걸작, 석굴암
알맞아!	관계없어!	범위가 좁아!

해설

· **석굴암에 다녀와서** : 제시문은 석굴암의 가치, 의의, 특징 등을 설명하고 있습니다. 직접 다녀와서 쓴 글은 아니므로, 제목과 관계없습니다.

· **석굴암의 가치와 의의** : 제시문의 일부분에 해당하는 것이기는 하지만 제목으로 하기에는 범위가 좁습니다.

· **불교 예술의 걸작, 석굴암** : 제시문의 내용을 모두 포함하고 있어서 제목으로 알맞습니다.

● **문단**

1문단	2문단	3문단	4문단
석굴암의 특징 및 구조	석굴암이 만들어진 때와 까닭	석굴암의 가치 및 의의	석굴암에 담긴 조상들의 정신

요목조목 따져보기

1. · 종교 : 불교
   · 건축 : 인공 석굴, 돔 형식
   · 예술 : 세계 문화 유산

2. ③

해설

우리 문화 유산에 대해 자부심과 자긍심을 갖는 것은 잘못된 의견이 아닙니다.

글밥지도 그리기

가 ② 앉을 자리를 정하는 방법
나 ⑧ 장동우
다 ① 앉고 싶은 친구와 앉자.
라 ④ 키는 작은데 뒷 번호인
마 ⑥ 제비뽑기로 정하자.
바 ③ 키 차례대로 앉자.

● **주제**

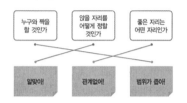

누구와 짝을 할 것인가	앉을 자리를 어떻게 정할 것인가	좋은 자리는 어떤 자리인가
알맞아!	관계없어!	범위가 좁아!

해설

· **누구와 짝을 할 것인가** : 제시문은 짝을 정하는 것에 대한 토의가 아니라 앉을자리를 정하는 방법에 대해 토의하는 것이므로, 주제로 하기에는 범위가 좁습니다.

· **앉을 자리를 어떻게 정할 것인가** : 제시문은 앉을자리를 어떻게 정할 것인가에 대해 토의하는 글이므로, 주제로 알맞습니다.

· **좋은 자리는 어떤 자리인가** : 제시문의 내용과 관계없습니다.

요목조목 따져보기

1. ① 참여자
   ② 진행자

2. ③

해설

민우와 영애는 키 순서대로 앉자는 같은 의견을 내고 있습니다. 하지만 각각 다른 근거를 제시하고 있습니다.

글밥지도 그리기

가 ⑤ 신채호
나 ⑥ 충청남도 대덕군 산내면
다 ④ 애국심이 깊다.
라 ⑦ 조국의 독립
마 ② 희망과 용기를 북돋워 줌
바 ① 겨레 사랑의 정신

● **제목**

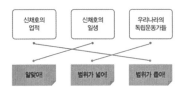

> **해설**
> • **신채호의 업적** : 제시문 일부분의 내용만을 포함하므로, 제목으로 하기에는 범위가 좁습니다.
> • **신채호의 일생** : 제시문은 신채호의 생애와 활동을 다루고 있으므로, 제목으로 알맞습니다.
> • **우리나라의 독립운동가들** : 제시문은 우리나라의 독립운동가들 가운데 한 사람인 신채호에 대한 내용만 나타나 있을 뿐, 다른 독립운동가들에 대한 내용은 나타나 있지 않습니다. 그러므로 제목으로 하기에는 범위가 넓습니다.

● **짜임**

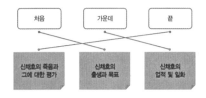

꼬덕꼬덕 공감하기

1. 애국심, 굳은 절개
2. ④

> **해설**
> 신채호는 여러 나라를 여행하며 각 나라의 역사를 연구한 것이 아니라, 왜곡된 우리나라의 역사를 바로잡기 위해 노력한 것입니다.

글밥지도 그리기

가 ⑦ 블랙홀
나 ① 검은 구멍
다 ④ 은하를 유지하는 중심
라 ② 특이점
마 ⑥ 휘어지는 것을 보고
바 ⑧ 우주의 비밀을 알려 준다.

● **제목**

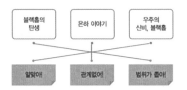

> **해설**
> • **블랙홀의 탄생** : 제시문 일부분의 내용만을 포함하므로, 제목으로 하기에는 범위가 좁습니다.
> • **은하 이야기** : 제시문은 블랙홀에 대한 것이므로, 제목과 관계없습니다.
> • **우주의 신비, 블랙홀** : 제시문은 블랙홀에 대한 전반적인 내용이 나타나 있으므로, 제목으로 알맞습니다.

● **문단**

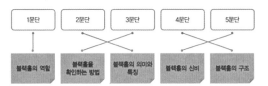

 요목조목 따져보기

1. ③, ④
2. ③

> **해설**
> 블랙홀이 될 수 있는 조건은 태양의 10배 이상의 질량을 가진 별이어야 한다고 하였으므로, 이것은 알맞지 않은 의견입니다.

글밥지도 그리기

㉮ ① 닭과 개
㉯ ⑥ 사람들 깨우기
㉰ ② 잘난 체하며 얄미움
㉱ ⑧ 화를 잘 내고 난폭함
㉲ ⑤ 닭
㉳ ③ 개

● 제목

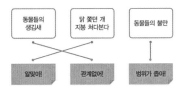

동물들의 생김새	닭 쫓던 개 지붕 쳐다본다	동물들의 불만
알맞애	관계없어	범위가 좁애

> **해설**
> • **동물들의 생김새** : 제시문이 동물들의 생김새의 특징에 대한 것이 아니므로, 제목과 관계없습니다.
> • **닭 쫓던 개 지붕 쳐다본다.** : 제시문은 '닭 쫓던 개 지붕 쳐다본다.'는 속담이 나오게 된 배경을 재미있게 그린 이야기 글이므로, 제목으로 알맞습니다.
> • **동물들의 불만** : 제시문은 동물들의 불만이 쌓여 마침내 개가 닭을 괴롭혀 지붕 위로 올라가 버렸다는 것이므로 제목으로 하기에는 범위가 좁습니다.

● 차례

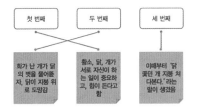

첫 번째	두 번째	세 번째
화가 난 개가 닭의 볏을 물어뜯자, 닭이 지붕 위로 도망감	황소, 닭, 개가 서로 자신이 하는 일이 중요하고, 힘이 든다고 함	이때부터 '닭 쫓던 개 지붕 쳐다본다.'라는 말이 생겼음

끄덕끄덕 공감하기

1. ① 쥐 ② 음식물 찌꺼기 ③ 꿀
2. ①

> **해설**
> 동물들의 행동이나 말을 통해, 말 한마디라도 상대방의 마음을 배려하여 말해야 할 것 같다는 의견은 알맞은 의견입니다.

글밥지도 그리기

㉮ ④ 한지
㉯ ⑤ 잘 찢어지지 않음
㉰ ⑧ 공기와 햇빛이 잘 드나들 수 있음
㉱ ⑥ 불에 잘 탐
㉲ ③ 닥 무지 만들기
㉳ ② 종이 뜨기

● 제목

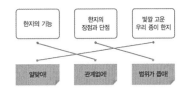

한지의 기능	한지의 장점과 단점	빛깔 고운 우리 종이 한지
알맞애	관계없어	범위가 좁애

> **해설**
> • **한지의 기능** : 제시문에는 한지의 기능에 대한 내용은 나타나 있지 않으므로, 제목과 관계없습니다.
> • **한지의 장점과 단점** : 한지의 장점과 단점은 제시문의 일부분에 해당하는 내용입니다. 이 제목은 글 전체의 내용을 모두 포함하지 못하므로, 제목으로 하기에는 범위가 좁습니다.
> • **빛깔 고운 우리 종이 한지** : 제시문은 한지의 장점과 단점, 만드는 방법 등을 설명하는 글이어서 제목으로 알맞습니다.

요목조목 따져보기

1. 햇빛이 잘 드나든다., 잘 찢어지지 않는다.
2. ④

> **해설**
> 한지는 역사가 오래되었으며 전통적인 방법으로 만들어지므로, 짧은 역사와 만드는 방법이 다양하다는 의견은 알맞지 않습니다.

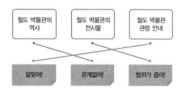

가 ⑧ 철도 박물관
나 ⑥ 관람료
다 ⑦ 매주 월요일 및 공휴일 다음날
라 ④ 한국 철도의 발자취
마 ⑤ 기차의 신호
바 ③ 현재와 미래의 열차

● 제목

철도 박물관의 역사	철도 박물관의 전시물	철도 박물관 관람 안내
알맞애	관계없애	범위가 좁애

해설
• **철도 박물관의 역사** : 제시문에는 철도 박물관의 역사에 대한 내용은 나타나 있지 않습니다. 그러므로 제목과 관계없습니다.
• **철도 박물관의 전시물** : 이 글에는 철도 박물관의 전시물뿐만 아니라 박물관을 찾아가는 데 필요한 다른 정보도 안내되어 있습니다. 글의 내용을 모두 포함하지 않으므로, 제목으로 하기에는 범위가 좁습니다.
• **철도 박물관 관람 안내** : 제시문은 철도 박물관을 찾아가는 데 필요한 여러 가지 정보를 제공하고 있으므로, 제목으로 알맞습니다.

 요목조목 따져보기

1. ④
2. ③

해설
책이나 인터넷을 통해 얻을 수 있는 정보가 있어도 직접 박물관에 가서 살펴보는 것과는 차이가 있으므로, 알맞지 않은 의견입니다.

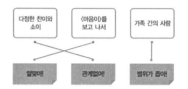

가 ① 마음이
나 ⑥ 친구가 소개해 주어서
다 ③ 동생
라 ⑤ 어른스럽고 의젓하다.
마 ④ 충성스럽고 의리가 있다.
바 ⑦ 마음이가 찬이를 구하려고 온몸을 던지는 모습

● 제목

다정한 찬이와 소이	〈마음이〉를 보고 나서	가족 간의 사랑
알맞애	관계없애	범위가 좁애

해설
• **다정한 찬이와 소이** : 제시문은 찬이와 소이에 초점이 맞추어진 것이 아니라 마음이에 맞추어진 것이므로, 제목과 관계없습니다.
• **〈마음이〉를 보고 나서** : 영화의 주인공인 마음이를 중심으로 이야기가 전개되므로, 제목으로 알맞습니다.
• **가족 간의 사랑** : 영화의 주제가 진정한 가족 간의 사랑이 무엇인지 생각해 보게 하는 것이기는 하지만, 제목으로 하기에는 범위가 좁습니다.

● 짜임

처음	가운데	끝
영화에 대한 감상	영화를 보게 된 동기	영화의 줄거리

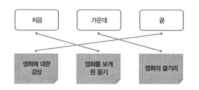 **끄덕끄덕 공감하기**

1. 통쾌하다.
2. ②

해설
마음이는 찬이를 원망하지 않았습니다. 오히려 찬이를 구하기 위해 온몸을 던졌습니다.